coleção primeiros passos 292

Marcos Reigota

O QUE É EDUCAÇÃO AMBIENTAL

editora brasiliense

Copyright © by Marcos Reigota, 1994
Nenhuma parte desta publicação pode ser gravada,
armazenada em sistemas eletrônicos, fotocopiada,
reproduzida por meios mecânicos ou outros quaisquer
sem autorização prévia da editora.

Primeira edição, 1994
2ª edição revista e ampliada, 2009
8ª reimpressão, 2023

Diretoria Editorial: *Maria Teresa B. de Lima*
Editor: *Max Welcman*
Capa: *Lito Lopes*

Dados Internacionais de catalogação na Publicação(CIP)
(Câmara Brasileira do Livro, SP, Brasil)

Reigota, Marcos,
    O que é educação ambiental / Marcos Reigota,--
São Paulo : Brasiliense, 2016. -- (Coleção Primeiros
Passos; 292)

    8ª reimpr. da 2ª. ed. de 2023.
    ISBN 978-85-11-00122-8

    1. Educação ambiental I. Título. II. Série.

09-01463   CDD - 304.2

Índices para catálogo sistemático :
1. Educação ambiental   304.2

Editora Brasiliense
Rua Antônio de Barros, 1586 – Tatuapé
Cep 03401-001 – São Paulo – SP
www.editorabrasiliense.com.br

SUMÁRIO

Introdução..7
I. A educação ambiental como educação política............11
II. História da educação ambiental..............................21
III. Definindo meio ambiente......................................33
IV. Contextos possíveis para a realização da educação ambiental..39
V. Objetivos da educação ambiental.............................53
VI. Conteúdos da educação ambiental..........................63
VII. Metodologias da educação ambiental......................65
VIII. A avaliação dos alunos e das alunas......................73
IX. Recursos didáticos..77
X. A educação ambiental no Brasil...............................83
XI. Perspectivas futuras..89
XII. Considerações finais..97
Indicações para leitura...99
Sobre o autor..108

Minha vida vai ser longuíssima porque cada instante é. A impressão é que estou por nascer e não consigo. Sou um coração batendo no mundo. Você que me lê que me ajude a nascer.

Clarice Lispector, *Água viva*, 12. ed.
Rio de Janeiro: Francisco Alves, 1993, p. 41.

Introdução

A ideia de escrever este livro surgiu a partir do meu contato com professores e professoras do ensino básico e fundamental, estudantes, pesquisadores, técnicos de órgãos públicos, empresários e ambientalistas nos inúmeros cursos e palestras que dei no início dos anos 1990.

Embora, naquela época, todos tivessem um grande interesse pela educação ambiental, poucos conheciam a sua história e os seus princípios. Num desses cursos, chamou-me muito a atenção a informação dada por um funcionário de uma empresa estatal paulista, responsável pelo Departamento de Educação Ambiental, de que era a primeira vez que ele entrava em contato com a educação ambiental da forma que eu a expunha.

Aliado à quase inexistência de literatura entre nós sobre a educação ambiental, esse fato me estimulou, para não dizer obrigou, a escrever este livro, pois, acreditava que o referido funcionário não era o único com essa responsabilidade e nessa situação.

O conteúdo do *O que é educação ambiental* é a base dos cursos, seminários e palestras a que me referi e é também o resultado de discussões sobre educação em geral e educação ambiental em particular, com Fábio Cascino, Hercília Tavares de Miranda, Moacir Ribeiro do Vale, Nicia Wendel de Magalhães, Nilda Alves, Rosália Ribeiro de Aragão, Roseli Pacheco e Salete Abraão.

Muitos outros diálogos aconteceram desde que a primeira edição foi publicada, com outros e outras colegas, estudantes, funcionários públicos e militantes dos movimentos sociais, ambientalistas e ecologistas que consolidaram parcerias, amizades, solidariedades e ampliaram nossas possibilidades de ações pedagógicas e políticas, coletivas e individuais.

Em outras palavras, esses diálogos ampliaram e concretizaram relações afetivas e possibilidades de intervenção cidadã.

Em outros momentos, esses encontros provocaram rupturas assim como divergências profundas sobre o entendimento do papel político da educação ambiental e do imprescindível compromisso ético nas práticas e ações de todos e todas que se identificam e se apresentam como educadores e educadoras ambientais. Foram tantos os encontros e os desencontros que é impossível, e nem seria o espaço mais apropriado, listá-los todos aqui. Também se torna impossível fazer uma lista de agradecimentos aos colegas que contribuíram para a difusão deste livro e que enviaram sugestões e críticas, que tentei incluí-las nesta nova edição revista e ampliada.

Como na primeira versão, quero deixar aqui explicitado meu agradecimento muito especial a Caio Graco, na época editor da Editora Brasiliense, que leu a primeira versão deste livro poucos dias antes de seu falecimento. As sugestões que ele fez foram incluídas e as críticas foram consideradas.

Esta revisão, quatorze anos depois da primeira edição, está relacionada com a necessidade de ampliar e aprofundar as ideias apresentadas, revisar os conceitos, e a linguagem, e oferecer novas oportunidades de (re)posicionar a educação ambiental como educação política, acreditando que a edição inicial cumpriu os seus objetivos de difundir a educação ambiental no Brasil.

A minha reflexão por meio das práticas pedagógicas cotidianas, de pesquisas e de militância desde que a primeira edição ganhou o espaço público, foi ampliada na mesma proporção em que o interesse pelo livro e pela perspectiva política, cultural e pedagógica da educação ambiental aqui apresentada aglutinou adeptos e adeptas e interlocutores e interlocutoras.

Esta nova edição, revista e ampliada, tem como objetivo reafirmar essas ideias iniciais, (re)discuti-las e principalmente colaborar com os jovens e as jovens profissionais e militantes interessados pela educação ambiental. A luta continua.

São Paulo, 4 de dezembro de 2008

A EDUCAÇÃO AMBIENTAL COMO EDUCAÇÃO POLÍTICA

Antes de definirmos a educação ambiental que queremos fazer precisamos ter claro que o problema não está na quantidade de pessoas que existe no planeta e que necessita consumir cada vez mais os recursos naturais para se alimentar, vestir e morar. Esse argumento que relaciona o aumento da população com a escassez dos recursos naturais ocupou grande parte dos debates acadêmicos e políticos e esteve muito presente nos meios de comunicação de massa principalmente nos anos 1960, 1970 e 1980. A crítica a essa ideia veio principalmente dos intelectuais, pesquisadores e militantes dos países pouco industrializados, com grande densidade populacional, com grandes recursos naturais e com baixos índices de escolaridade.

A crítica mais contundente a essa ideia que ligava aumento da população com o consumo dos recursos naturais veio de pessoas dos países que naquela época, eram denominados países do "terceiro mundo" ou ainda de "países em via de desenvolvimento". O argumento central da crítica era de que havia uma concentração de consumo dos recursos naturais e das riquezas provocadas pelo modelo capitalista de desenvolvimento nos países industrializados e que o real problema era a concentração de riquezas e de consumo e não o crescimento da população (pobre).

Os críticos enfatizavam que era necessário ampliar a distribuição justa e equitativa dos recursos naturais (e dos alimentos) e dos bens culturais (educação) necessários para a manutenção da vida com dignidade em todo o mundo. Em outras palavras, o que se colocava era: é necessário entender que o problema está no excessivo consumo desses recursos por uma pequena parcela da humanidade e no desperdício e produção de artigos inúteis e nefastos à qualidade de vida.

Outro argumento muito presente na educação ambiental nas suas primeiras décadas era a de relacioná-la, prioritariamente, com a proteção e a conservação de espécies animais e vegetais. Nesse sentido, a educação ambiental estava muito próxima da ecologia biológica, sem que ela tivesse de se preocupar com os problemas sociais e políticos que provocavam esta situação de desaparecimento de espécies.

No sentido contrário afirmamos que a educação ambiental não deve estar relacionada apenas com os aspectos biológicos da vida, ou seja, não se trata apenas de garantir a preservação de determinadas espécies animais e vegetais e dos recursos naturais, embora essas questões (biológicas) sejam extremamente importantes e devem receber muita atenção.

Quando afirmamos e definimos a educação ambiental como educação política, estamos afirmando que o que deve ser considerado prioritariamente na educação ambiental é a análise das relações políticas, econômicas, sociais e culturais entre a humanidade e a natureza e as relações entre os seres humanos, visando a superação dos mecanismos de controle e de dominação que impedem a participação livre, consciente e democrática de todos.

A educação ambiental como educação política está comprometida com a ampliação da cidadania, da liberdade, da autonomia e da intervenção direta dos cidadãos e das cidadãs na busca de soluções e alternativas que permitam a convivência digna e voltada para o bem comum.

Pensar as nossas relações cotidianas com os outros seres humanos e espécies animais e vegetais e procurar alterá-las (nos casos negativos) ou ampliá-las (nos casos positivos) numa perspectiva que garanta a possibilidade de se viver dignamente é um processo (pedagógico e político) fundamental e que caracteriza essa perspectiva de educação.

Dessa forma, o componente "reflexivo" da e na educação ambiental é tão importante quanto os elementos "participativos" (estimular a participação comunitária e/ou coletiva para a busca de solução e alternativas aos problemas cotidianos) ou "comportamentais" (mudança de comportamentos individuais e coletivos viciados e nocivos ao bem comum).

A educação ambiental deve procurar favorecer e estimular possibilidades de se estabelecer coletivamente uma "nova aliança" (entre os seres humanos e a natureza e entre nós mesmos) que possibilite a todas as espécies biológicas (inclusive a humana) a sua convivência e sobrevivência com dignidade.

Consideramos então que, com esses princípios básicos, a educação ambiental deve ser entendida como educação política, no sentido de que ela reivindica e prepara os cidadãos e as cidadãs para exigir e construir uma sociedade com justiça social, cidadanias (nacional e planetária), autogestão e ética nas relações sociais e com a natureza.

A afirmativa de que a educação ambiental é uma educação política está profundamente relacionada com o pensamento pedagógico de Paulo Freire, principalmente nos seus últimos escritos, como os livros *Pedagogia da autonomia* (São Paulo: Paz e Terra, 1997) e *Pedagogia da indignação* (São Paulo: Unesp, 2000).

A educação ambiental como educação política enfatiza antes a questão "por que" fazer do que "como" fazer. Considerando que a educação ambiental surge e se consolida num momento histórico de grandes mudanças no mundo, ela tende a questionar as opções políticas atuais (mesmo as consideradas de "esquerda") e a própria educação escolar e extraescolar, quando preocupadas em transmitir conteúdos científicos que terão utilidade apenas para os concursos e exames.

A educação ambiental como educação política é por princípio: questionadora das certezas absolutas e dogmáticas; é criativa, pois busca desenvolver metodologias e temáticas que possibilitem descobertas e vivências, é inovadora quando relaciona os conteúdos e as temáticas ambientais com a vida cotidiana e estimula o diálogo de conhecimentos científicos, étnicos e populares e diferentes manifestações artísticas; e crítica muito crítica, em relação aos discursos e às práticas que desconsideram a capacidade de discernimento e de intervenção das pessoas e dos grupos independentes e distantes dos dogmas políticos, religiosos, culturais e sociais e da falta de ética.

A ética ocupa um papel de importância fundamental na educação ambiental e vários autores brasileiros e estrangeiros têm se dedicado a estudá-la. É sempre muito difícil definir o que é ética ou ensiná-la, mas podemos identificar a sua presença ou a sua ausência. Não podemos também transformar a reivindicação por ética numa lista de preceitos morais, uma lista de "mandamentos" a serem seguidos. Mas acredito que todos os educadores e todas as educadoras ambientais estão colaborando com a ampliação da compreensão da ética e da sua presença na vida cotidiana quando enfatizam a necessidade de respeito a todas as formas de vida, quando estimulam a igualdade e o respeito às diferenças étnicas, culturais e sexuais e ao se posicionarem contrários a todo tipo de corrupção, privilégios e violência, principalmente quando, para isso, se utiliza do dinheiro e dos espaços públicos (escolas, universidades, instituições do governo etc.).

O ser humano contemporâneo vive profundas dicotomias. Dificilmente se considera um elemento da natureza, mas um ser à parte, como um observador e/ou explorador dela. Esse distanciamento da humanidade em relação à natureza fundamenta as ações humanas tidas como racionais, mas cujas graves consequências exigem, neste início de século, respostas pedagógicas e políticas concretas para acabar com o predomínio do antropocentrismo (argumento de que o ser humano é o ser vivo mais importante do universo e que todos os outros seres vivos têm a única finalidade de servi-lo). Desconstruir essa noção antropocêntrica é um dos princípios éticos da educação ambiental.

Nas relações sociais cotidianas e na política brasileira verificamos que a ética está muito pouco presente. A possibilidade de se levar vantagem em qualquer situação é o clichê básico predominante, e em muitas ocasiões isso é entendido como natural, ou seja, que o mais forte e esperto deve mesmo prevalecer diante do mais fraco e pacato.

O que é educação ambiental

Com base no pensamento político, filosófico, cultural e pedagógico contemporâneo, que caracteriza a educação ambiental como educação política, podemos afirmar que não há nada de natural na competição (ou competitividade), oportunismo, má-fé, ganância e outros termos que na vida cotidiana possibilitam a permanência de privilégios de poucos.

Por mais apuradas que sejam as pesquisas sobre o código genético humano ainda não se conseguiu provar que esses comportamentos encontram-se aí "naturalmente" explicados. Desse modo, "querer levar vantagem" é um comportamento social, cultural e político que precisa ser profundamente questionado e superado para que a convivência entre os diferentes possa se dar de forma não violenta e menos agressiva.

A educação ambiental crítica está, dessa forma, impregnada da utopia de mudar radicalmente as relações que conhecemos hoje, sejam elas entre a humanidade, sejam elas entre a humanidade e a natureza.

Voltemos um pouco aos aspectos políticos da educação ambiental. Desde o seu início, temos insistido que é absolutamente vital que os cidadãos e as cidadãs do mundo participem para que se tomem medidas de apoio a um tipo de crescimento econômico que não tenha repercussões nocivas sobre a população e que não deteriore suas condições de vida. Geralmente, o modelo econômico capitalista de produção intensiva e desenfreada enfatiza que possibilitará melhor "qualidade de vida" e "mais emprego" para todos. Mas será isso mesmo verdade? Afinal, o que é mesmo "qualidade de vida"? Para os interessados em encontrar algumas respostas a essa última questão sugiro que procurem os trabalhos da professora da Faculdade de Saúde Pública da USP, Maria Cecília Focesi Pelicioni.

Observe que, no parágrafo acima, enfatizamos a expressão "cidadão e cidadã do mundo" e a importância de sua participação na definição de um projeto econômico, portanto político. A educação ambiental deve orientar-se para a comunidade, para que ela possa definir quais são os critérios, os problemas e as alternativas, mas sem se esquecer de que dificilmente essa comunidade vive isolada. Ela está no mundo, recebendo influências diversas e também influenciando outras comunidades, num fluxo contínuo e recíproco. Assim, a educação ambiental entra nesse contexto para auxiliar e incentivar o cidadão e a cidadã a participarem da resolução dos problemas e da busca de alternativas no seu cotidiano de realidades específicas.

"Os cidadãos e cidadãs do mundo", atuando nas suas comunidades, é a proposta traduzida na frase muito usada nos meios ambientalistas: "Pensamento global e ação local, ação global e pensamento local".

Claro que educação ambiental por si só não resolverá os complexos problemas ambientais planetários. No entanto, ela pode influir decisivamente para isso, quando forma cidadãos e cidadãs conscientes dos seus direitos e deveres. Tendo consciência e conhecimento da problemática global e atuando na sua comunidade e vice-versa haverá uma mudança na vida cotidiana que, se não é de resultados imediatos, visíveis, também não será sem efeitos concretos.

Os problemas ambientais foram criados por homens e mulheres e deles virão às soluções. Estas não serão obras de gênios, de políticos ou tecnocratas, mas sim de cidadãos e cidadãs.

História da Educação Ambiental

A educação ambiental tem uma história quase oficial, que a relaciona com conferências mundiais e com os movimentos sociais em todo o mundo. Antes de apresentarmos alguns dos principais eventos que marcam essa história semioficial é necessário lembrar que, muito antes deles, pessoas e grupos, de forma discreta, mas muito ativa, já realizavam ações educativas e pedagógicas próximas do que se convencionou chamar de educação ambiental.

Fazer um levantamento com e na comunidade ou com os alunos e as alunas sobre quais foram as pessoas e os eventos que marcaram o surgimento da educação ambiental é uma forma de ampliar o conhecimento em relação ao surgimento dessa proposta educativa na comunidade e no mundo, e se distanciar de uma história oficial engessada e definitiva.

Esse levantamento sobre a história local ou regional da educação ambiental pode ser feita lembrando, como enfatizou Paulo Freire, que somos "sujeitos da história", mesmo que esses sujeitos sejam anônimos e desconhecidos do grande público, e que a história não é apenas um conjunto linear de datas, heróis e eventos. Dito isso, podemos então passar aos eventos que são os mais conhecidos e que possibilitaram a difusão e a legitimação internacional da educação ambiental.

Em 1968 foi realizada em Roma uma reunião de cientistas dos países industrializados para se discutir o consumo e as reservas de recursos naturais não-renováveis e o crescimento da população mundial até o século XXI.

As conclusões do Clube de Roma deixaram clara a necessidade urgente de se buscar meios para a conservação dos recursos naturais e controlar o crescimento da população, além de se investir numa mudança radical na mentalidade de consumo e de procriação.

Seus participantes observaram que: "O homem deve examinar a si próprio, seus objetivos e valores. O ponto essencial da questão não é somente a sobrevivência da espécie humana, porém, ainda mais, a sua possibilidade de sobreviver sem cair em um estado inútil de existência".

Essa reunião originou o livro *Limites do crescimento* (São Paulo: Perspectiva, 1978), que foi durante muitos anos uma referência internacional às políticas e aos projetos a longo termo e foi alvo de muitas críticas, principalmente dos latino-americanos, que liam nas entrelinhas desse livro a indicação de que, para se conservar o padrão de consumo dos países industrializados, era necessário controlar o crescimento da população nos países pobres.

Um dos méritos dos debates das conclusões do Clube de Roma foi colocar o problema ambiental em nível planetário, e como consequência disso, a Organização das Nações Unidas realizou em 1972, em Estocolmo, Suécia, a Primeira Conferência Mundial de Meio Ambiente Humano.

O grande tema em discussão nessa conferência foi a poluição ocasionada principalmente pelas indústrias. O Brasil e a Índia, que viviam na época "milagres econômicos", defenderam a ideia de que "a poluição é o preço que se paga pelo progresso".

Com essa posição oficial, o Brasil e a Índia abriram as portas para a instalação de indústrias multinacionais poluidoras, impedidas ou com dificuldades de continuarem operando nas mesmas condições que operavam em seus respectivos países.

Essa atitude não será sem consequências e os resultados se farão sentir nos anos que virão. No Brasil, que na época vivia sob uma ditadura militar, o "exemplo" clássico é Cubatão, onde, devido à grande concentração de poluição química, crianças nasceram acéfalas; na Índia, o acidente de Bophal, ocorrido numa indústria química multinacional que operava sem as medidas de segurança exigidas em seu país de origem, provocou a morte de milhares de pessoas.

Esse acidente junto ao da usina nuclear de Tchernobyl são considerados os acidentes ecológicos contemporâneos mais drásticos, mas é evidente que não são os únicos. Na década de 1990 e nos primeiros anos do século XXI foi possível presenciar uma quantidade enorme de acidentes e de diretrizes políticas completamente antiecológicas como a posição dos Estados Unidos em relação ao Protocolo de Kyoto, que visa a diminuição de emissão de CO_2 à atmosfera, ou a autorização do plantio de soja transgênica no Brasil.

O desmatamento da Amazônia atingiu índices alarmantes, colocando o tema na pauta dos encontros entre o governo brasileiro e de outros países, tendo sido tema de debates acalorados na mídia e nas conversas cotidianas.

As guerras e os massacres ocorridos em Burundi, Ruanda, ex-Iugoslávia, Afeganistão, Iraque etc., nas quais foram utilizadas armas extremamente sofisticadas contra a população, e a poluição da água e do ar provocada não só pelas indústrias, mas também pelas guerras e conflitos armados, mostraram que a humanidade ainda se encontra no seu estágio de barbárie.

Uma resolução importante da conferência de Estocolmo em 1972 foi a que se deve educar o cidadão e a cidadã para a solução dos problemas ambientais. Podemos então considerar que aí surge o que se convencionou chamar de educação ambiental.

Dez anos após a Conferência de Estocolmo foi realizada a Conferência das Nações Unidas para o Meio Ambiente e Desenvolvimento (observe a mudança do nome em relação à conferência de Estocolmo) no Rio de Janeiro, que ficou conhecida como Rio-92.

A documentação disponível sobre essa conferência é vasta e de fácil localização quando se usa a internet, mas o que é necessário observar aqui é que foi a primeira conferência das Nações Unidas na qual a sociedade civil (cidadãos e cidadãs do mundo) puderam participar. A intensa participação cidadã marcou as reuniões posteriores realizadas pelas Nações Unidas e incluiu, com destaque, o meio ambiente na agenda política planetária.

Nessa agenda política planetária, a afirmativa da necessidade da participação e da intervenção dos cidadãos e das cidadãs deixou de ser apenas um discurso bem-intencionado e conquistou um importante protagonismo. Nesse sentido, a "formação" do cidadão e da cidadã para atuar diante dos problemas e desafios ambientais adquiriu visibilidade pública, e a educação ambiental deixou de ser conhecida e praticada apenas por pequenos grupos de militantes.

Da Conferência do Rio de Janeiro saíram inúmeros documentos como a Agenda XXI, com uma série de indicações aos governos (inclusive a de promover a educação ambiental) e os tratados elaborados pela sociedade civil, como o Tratado sobre a Educação Ambiental para as Sociedades Sustentáveis.

Em 2002, foi realizada em Johannesburgo na África do Sul, a Conferência das Nações Unidas para o Desenvolvimento Sustentável (compare as mudanças dos nomes com as conferências de Estocolmo e do Rio de Janeiro).

Essa Conferência que ficou conhecida como Rio+10, tinha como objetivo avaliar as aplicações e progressos das diretrizes estipuladas no Rio de Janeiro. Realizada num momento de grande tensão internacional, logo após o atentado de 11 de setembro e, poucos meses antes da invasão americana no Iraque, essa reunião foi considerada um fracasso por uns e por outros uma possibilidade de encontros, debates e elaboração de estratégias comuns, apesar do descrédito público das Nações Unidas.

A Rio+10 teve o mérito de possibilitar aos cidadãos e cidadãs do continente africano uma participação ativa, expondo as mazelas em que vivem, como as inúmeras guerras civis, o imenso número de pessoas contaminadas com o HIV, a poluição da água e do ar, o analfabetismo e a pobreza extrema de grande parte da população.

Para muitos analistas, a Rio+10 foi um fracasso por não ter possibilitado o avanço efetivo das diretrizes e promessas apresentadas no Rio de Janeiro. Para outros, o fracasso da Rio+10 está relacionado com o próprio fracasso das Nações Unidas, "prisioneira" dos interesses das grandes potências, principalmente dos Estados Unidos. De qualquer forma, com essas conferências a educação ambiental esteve presente nos discursos e nos documentos, mas principalmente se fez presente por meio das ações concretas de muitas pessoas, cidadãos e cidadãs do mundo, em diferentes regiões do planeta.

A Unesco foi o organismo da ONU responsável pela divulgação dessa nova perspectiva educativa, e desde os anos 1970 realizou vários seminários regionais em todos continentes, procurando estabelecer os seus fundamentos.

A partir desses seminários, um grande número de textos, artigos e livros foram publicados pela Unesco em diversas línguas.

Os principais seminários realizados por essa instituição estão inseridos na história da educação ambiental e precisam ser destacados.

Um deles foi realizado em Belgrado, na então Iugoslávia, em 1975, e contou com a presença de especialistas em educação, biologia, geografia e história, entre outros, seminário no qual foram definidos os objetivos da educação ambiental, publicados no documento que se convencionou chamar de A Carta de Belgrado.

Alguns anos depois foi realizado em Tbilissi, na Geórgia (ex-URSS), em 1977, o Primeiro Congresso

Internacional de Educação Ambiental da Unesco, onde foram apresentados os trabalhos que estavam sendo realizados em vários países.

Dez anos depois, foi realizado em Moscou o Segundo Congresso Internacional de Educação Ambiental da Unesco. Nessa época, a então União Soviética vivia o início da *perestroika* e da *glasnost*, que culminou com o fim do regime socialista e a separação das diversas repúblicas que compunham aquele país, e temas como desarmamento, acordos de paz entre URSS e os Estados Unidos, democracia e liberdade de opinião permeavam as discussões dos presentes.

Muitos especialistas presentes nesse encontro de Moscou consideravam inútil falar em educação ambiental e em formação de cidadãos enquanto vários países (incluindo o anfitrião) continuavam a produzir armas nucleares e a viver sob regimes totalitários que impediam a participação dos cidadãos e das cidadãs nas decisões políticas.

Nesse mesmo período, a primeira-ministra norueguesa, Gro Harlem Brundtland, patrocinou reuniões em várias cidades do mundo, incluindo São Paulo, para se discutir os problemas ambientais e as soluções encontradas após a conferência das Nações Unidas realizada em Estocolmo em 1972.

As conclusões dessas reuniões foram publicadas em várias línguas, no livro *Nosso futuro comum*, também conhecido como Relatório Brundtland.

Esse livro fornece subsídios temáticos para a Conferência das Nações Unidas realizada no Rio de Janeiro em 1992. É a partir desse livro que a noção de desenvolvimento sustentável se torna mais conhecida. Nesse livro também se enfatiza a importância da educação ambiental para a solução dos problemas e busca de alternativas.

Nos vinte anos que se passaram, entre as conferências mundiais de Estocolmo e do Rio de Janeiro houve uma considerável mudança na noção de meio ambiente. Na primeira se pensava basicamente na relação do ser humano com a natureza; na segunda, o enfoque é pautado pela ideia de desenvolvimento econômico, dito sustentável, ideia que se consolida na Conferência de Johannesburgo.

Essa mudança se fará sentir nos discursos, nos projetos e nas práticas diversas de educação ambiental que surgiram desde então em todo o mundo. Da mesma maneira, provocará reações contrárias de grupos e de educadores e educadoras ambientais, principalmente dos que atuam na América Latina.

Se por um lado temos uma grande variedade de práticas que se autodefinem como "educação ambiental", mostrando a sua criatividade e importância, por outro temos práticas muito simples que refletem ingenuidade, oportunidade, confusão teórica e política.

Nos últimos anos temos observado um forte movimento patrocinado pela Unesco e por grandes ONGs internacionais, que pretendem modificar o nome de educação ambiental para "educação para o desenvolvimento sustentável". Esse movimento inicial de mudança de nome foi um dos temas mais polêmicos da Conferência Internacional da Unesco sobre Meio Ambiente e Sociedade: Educação e Consciência Pública para a Sustentabilidade, ocorrida em 1997 em Thessaloniki, na Grécia, e se concretiza 10 anos depois, nos 30 anos da Carta de Tbilissi, ocorrida na Índia. Mas nesse momento a divisão entre os colegas e as colegas e as instituições favoráveis e contrários à mudança da denominação educação ambiental para educação para o desenvolvimento sustentável já estava acirrada.

Pelo menos, entre os educadores e as educadoras latino-americanos há uma forte resistência a essa mudança. Consideramos que a educação ambiental tem conseguido nesses últimos 30 anos abordar uma série de problemas e possibilitado a organização de grupos sociais para enfrentá-los e buscar soluções. Consideramos também que a discussão e a busca de alternativas aos modelos de desenvolvimento são extremamente importantes, mas não consideramos os aspectos puramente econômicos como a dimensão privilegiada de qualquer projeto de desenvolvimento (mesmo dito "sustentável") e muito menos o tema central do processo educativo.

Por outro lado, é com a denominação educação ambiental que no Brasil e na América Latina que essa perspectiva pedagógica e política tem aglutinado militantes, educadores e educadoras, professores e professoras conquistado espaço nos órgãos públicos, universidades e movimentos sociais. Ao mantermo-nos fiéis à denominação educação ambiental não abdicamos de nossa história para abraçar outra, da qual seríamos apenas receptores e não sujeitos.

DEFININDO MEIO AMBIENTE

É ainda muito comum observarmos afirmações de que educação ambiental é o mesmo que ensino da ecologia, cabendo aí também a biologia e a geografia.

No entanto, a educação ambiental e o ensino de ecologia, embora próximos, são temas distintos. Se atentarmos somente à ecologia, verificamos que esta é uma ciência que estuda as relações entre os seres vivos e o seu ambiente físico e natural. A ecologia tem também as suas subáreas, tais como a ecologia humana e a ecologia social. Nas últimas décadas do século XX surgiu a ecologia política, que está muito mais relacionada com os movimentos sociais e com a ciência política do que com as ciências biológicas.

Portanto, há ainda certa confusão conceitual no que diz respeito ao ensino de ecologia e de educação ambiental, entre o profissional de ecologia (ecólogo) e o militante político (ecologista) e também em relação ao termo meio ambiente.

Esse termo está constantemente presente nos meios de comunicação de massa, no discurso dos políticos e dos militantes "verdes", nos livros didáticos, nas artes plásticas, na música, no cinema, no teatro etc. Mas o que se entende por meio ambiente? Como o definimos?

As definições podem ser as mais variadas possíveis, dependendo das nossas fontes de consulta. Entre as primeiras definições que encontramos, originadas nos anos 1970 e 1980, temos a do geógrafo francês Pierre Jorge que o define como:

> ao mesmo tempo o meio é um sistema de relações onde a existência e a conservação de uma espécie são subordinados aos equilíbrios entre processos destrutores e regeneradores e seu meio – o meio ambiente é o conjunto de dados fixos e de equilíbrios de forças concorrentes que condicionam a vida de um grupo biológico.

Para o ecólogo belga Duvigneaud, "é evidente que meio ambiente é composto por dois aspectos: 1) o meio ambiente abiótico físico e químico e 2) o meio ambiente biótico".

Para o psicólogo Silliamy, meio ambiente "é o que cerca um indivíduo ou um grupo, englobando o meio cósmico, geográfico, físico e o meio social com as suas instituições, sua cultura, seus valores".

Esses três exemplos de definição de meio ambiente, originados nos meios científicos e que estão longe de terminarem aqui, mostram a variedade de sua compreensão. Outras definições dadas por cientistas, artistas, militantes, também podem ser identificadas. O importante é considerar que elas são muitas e variadas. Definições de meio ambiente relacionadas com a diversidade cultural e étnica também são muito importantes. Será que há diferença nas definições de meio ambiente dadas por pessoas de grupos culturais e étnicos vivendo por exemplo em Hiroshima ou no interior da floresta Amazônica?

Provavelmente, você, leitor ou leitora, deve ter a sua própria definição, cujas características estão influenciadas pelos seus interesses, pelas suas convicções e por seus conhecimentos científicos, políticos, filosóficos, religiosos, profissionais etc.

Para que possamos realizar a educação ambiental, considero que é necessário, antes de mais nada, conhecermos as definições de meio ambiente das pessoas envolvidas na atividade. Será que a definição de meio ambiente das pessoas que participam da mesma atividade são iguais? Quais são os pontos comuns e diferentes entre as definições encontradas num mesmo grupo de pessoas? Até que ponto as definições das pessoas se aproximam ou se diferenciam da sua?

Assim, para poder expor com mais clareza a minha proposta de educação ambiental como educação política, considero inevitável apresentar a definição de meio ambiente que a sustenta, e que é diferente das apresentadas anteriormente. Elaborei a definição de meio ambiente em 1988 quando realizava meus estudos de doutorado na Universidade Católica de Louvain, Bélgica.

Essa definição tem sido usada, ainda hoje, por vários e várias colegas. Eu pergunto-lhes se essa definição não envelheceu, ou se precisa ser ampliada ou modificada. Até o momento não registrei nenhuma resposta negativa, motivo pelo qual vou deixá-la aqui como apareceu na primeira edição deste livro, mas observe, prezado leitor e prezada leitora, que a definição a seguir tem pelo menos 20 anos.

Defino meio ambiente como: um lugar determinado e/ou percebido onde estão em relação dinâmica e em constante interação os aspectos naturais e sociais. Essas relações acarretam processos de criação cultural e tecnológica e processos históricos e políticos de transformações da natureza e da sociedade.

Podemos comparar essa definição de meio ambiente com as anteriores e observar que na minha definição meio ambiente não é visto apenas como sinônimo de meio natural. Razão pela qual parto do princípio de que educação ambiental não é sinônimo de ensino de ecologia, biologia ou de geografia, embora não prescinda delas nem da história, da literatura, da matemática, da física, da química etc.

O processo pedagógico da educação ambiental como educação política enfatiza a necessidade de se dialogar sobre e com as mais diversas definições existentes, para que o próprio grupo (alunos e alunas e professores e professoras) possam construir juntos uma definição que seja a mais adequada para se abordar a problemática que se quer conhecer e, se possível, resolver.

Contextos possíveis para a realização da educação ambiental
IV

É consenso na comunidade internacional que a educação ambiental deve estar presente em todos os espaços que educam o cidadão e a cidadã.

Assim, ela pode ser realizada nas escolas, nos parques e reservas ecológicos, nas associações de bairro, nos sindicatos, nas universidades, nos meios de comunicação de massa etc.

Cada um desses contextos tem as suas características e especificidades que contribuem para a diversidade e a criatividade da educação ambiental.

Nos parques e reservas ecológicos o enfoque é prioritariamente as espécies animais e vegetais que aí vivem e as suas interdependências. Nas associações de bairros, analisam-se os problemas ambientais cotidianos e as suas possibilidades de solução. Nos sindicatos, as condições de trabalho, manuseio de produtos tóxicos, segurança e riscos são temas imprescindíveis.

As universidades dedicam-se à formação de profissionais que possam atuar nas diversas áreas do conhecimento voltadas para o meio ambiente; entre elas as ciências mais técnicas, como a engenharia, e as ciências mais reflexivas, como a antropologia. As licenciaturas e os cursos de pedagogia têm se voltado para a educação ambiental com grande intensidade e contribuição.

Os meios de comunicação de massa também tem um papel educativo importante quando difundem filmes, artigos e reportagens aprofundadas enfocando as questões ambientais e quando promovem debates e dão voz às pessoas que vivem esses problemas e buscam soluções.

A escola, da creche aos cursos de pós-graduação, é um dos locais privilegiados para a realização da educação ambiental, desde que se dê oportunidade à criatividade, ao debate, à pesquisa e à participação de todos.

Outro aspecto consensual sobre a educação ambiental é que não há limite de idade para os seus estudantes. Ela tem a característica de ser uma educação permanente, dinâmica, diferenciando-se apenas no que diz respeito ao seu conteúdo, à temática e à metodologia, pois o processo pedagógico precisa estar adequado às faixas etárias a que se destina.

Procurarei enfatizar aqui a educação ambiental nas escolas de ensino básico e fundamental, embora muitos dos seus aspectos possam ser utilizados e adaptados em outros contextos educativos e níveis de escolaridade.

Em meados da década de 1980, houve um importante debate nos meios educacionais. Discutia-se se a educação ambiental deveria ser ou não uma disciplina a mais no currículo escolar. O Conselho Federal de Educação optou pela negativa, assumindo as posições dos mais conhecidos educadores ambientais brasileiros da época, que consideram a educação ambiental como uma perspectiva da educação que deve permear todas as disciplinas.

No governo de Fernando Henrique Cardoso (1994-2002), o Ministério da Educação elaborou o Projeto Parâmetros Curriculares Nacionais que ficou conhecido como PCN para a escola fundamental. Nos PCN, o meio ambiente foi considerado um tema transversal.

Os PCN receberam muitas críticas e adesões, das quais as principais críticas partiram dos mais renomados pesquisadores e pesquisadoras do Brasil, principalmente de especialistas em currículo como, entre outros, Antonio Flávio Nogueira, Marisa Vorreber Costa, Nilda Alves, Regina Leite Garcia, Silvio Gallo e Tomaz Tadeu da Silva.

Essas críticas estavam pautadas nos aspectos políticos e pedagógicos dos PCN, que foram apresentados à sociedade brasileira como oriundos da experiência da reforma curricular espanhola, com forte influência da pedagogia cognitivista conhecida como Escola de Barcelona.

Um dos principais argumentos dos críticos aos PCN era o da impossibilidade de se definir um currículo nacional em um país com a diversidade social, político, cultural e ecológica como o Brasil.

Com a inclusão do tema Meio Ambiente nos PCN, houve uma substituição quase automática de terminologia. Muitos passaram a considerar que a educação ambiental havia, enfim, se tornado oficial. Uma outra foi a de considerar transversalidade como sinônimo de interdisciplinaridade. Esses dois conceitos são bem diferentes e implicam práticas pedagógicas com características diferentes. Numa breve explicação podemos dizer que uma prática pedagógica interdisciplinar trabalha com o diálogo de conhecimentos disciplinares e que a transversalidade, pelo menos como foi definida pelos precursores, entre eles Félix Guatarri, não desconsidera a importância de nenhum conhecimento, mas rompe com a ideia de que os conhecimentos sejam disciplinares e que são válidos apenas os conhecimentos científicos.

Concordamos que meio ambiente é um tema transversal que pode e deve ser abordado sob diversos ângulos e conhecimentos científicos e culturais na escola, mas o que devemos priorizar? Quais competências técnicas e específicas são necessárias? Com qual dimensão política?

O que é educação ambiental

A inclusão do tema Meio Ambiente nos PCN possibilitou uma fecunda discussão entre os educadores e as educadoras ambientais no Brasil.

As educadoras e os educadores mais familiarizados com os argumentos pedagógicos e políticos contrários a qualquer tentativa de normatização ou padronização curricular se situaram entre os críticos aos PCN.

As educadoras e os educadores que têm uma posição mais pragmática os receberam positivamente e participaram de sua difusão. A outra parcela procurou acatar as posições críticas no sentido de ampliá-los e melhorá-los.

O que precisa ser levado em consideração nessa discussão é que, com todos os contras e as adesões, os PCN marcaram a história da educação ambiental brasileira e é bem possível que novas gerações de educadores e educadoras ambientais tenham sido formadas sob sua influência. Quando integrantes dessas gerações, por meio de pesquisas, publicações e depoimentos públicos, expuserem as influências (positivas ou negativas) que receberam pelos PCN e pelas contribuições (ou não) que eles trouxeram às suas práticas pedagógicas e intervenções cidadãs, poderemos ter acesso a críticas e adesões com maior diversidade de enfoques pedagógicos e políticos.

De qualquer forma, o debate provocado pela inclusão do meio ambiente como tema transversal na escola foi um momento histórico importante, cujos resultados e análises mais detalhadas e aprofundadas precisam ser apresentados, mostrando assim ser também um campo fértil para pesquisas de trabalhos de conclusão de curso nas licenciaturas, monografias de especialização e também como dissertações de mestrado e teses de doutorado.

Ouvimos com frequência, principalmente dos políticos apressados, que o ensino de ecologia deve ser disciplina obrigatória nos currículos. Há também muitos professores e professoras e militantes ambientalistas que concordam com essa ideia e sempre que possível a enfatizam no espaço público.

Geralmente, essa sugestão está acompanhada da afirmativa "é necessário ensinar ecologia para que os alunos possam proteger o meio ambiente". Trata-se, efetivamente, de um argumento que deve ser respeitado, mas não há nenhum indício empírico de que o ensino de ecologia por si só, estimula os alunos a "protegerem" o meio ambiente.

Já argumentei aqui que ensino de ecologia e educação ambiental são diferentes, no entanto, é muito comum serem vistos como sinônimos. Embora a ecologia, como ciência, tenha uma importante contribuição a dar à educação ambiental, ela não está mais autorizada que a história, o português, a geografia, a educação física, as artes em geral etc.

A educação ambiental, como perspectiva educativa, pode estar presente em todas as disciplinas quando analisa temas que permitam enfocar as relações entre a humanidade e o meio natural e as relações sociais, sem deixar de lado as suas especificidades.

Como exemplo, vejamos o relato de uma professora de São Paulo, que me foi dado em 1988.

> Nas minhas aulas, visitamos uma pedreira perto da escola. Ali, os alunos podem observar o mal que a poeira faz à saúde dos operários e analisar uma das principais fontes de poluição do ar no bairro. Realizamos um levantamento histórico desses problemas e as possibilidades de solucioná-los.

A introdução da educação ambiental na escola supõe uma modificação fundamental na própria concepção de educação, provoca mesmo uma revolução pedagógica. Na reunião da Sociedade Brasileira para o Progresso da Ciência, de 1992, alguns professores comentaram que a educação ambiental estimulou nos alunos um grande interesse pelos temas abordados e participação nas atividades propostas, elevando consideravelmente o nível de aprendizagem. Outros comentaram o envolvimento ocorrido entre os professores de várias disciplinas e entre eles e os alunos, não só na escola, mas também na comunidade. Provavelmente, essa mesma afirmativa e constatação tenha sido verificada em vários outros espaços científicos, sociais e no cotidiano escolar.

Precisamos estar atentos a esse tipo de observação que avalia as nossas práticas pedagógicas e o que elas estimulam nos nossos alunos e alunas, segundo eles e elas. No momento histórico em que a educação ambiental já é bem conhecida, é também interessante observar as resistências que provoca e recebe de todas as pessoas que (ainda) não têm nenhum interesse não só pelos problemas e pelas questões ambientais e muito menos pela participação política por meio de intervenções cidadãs.

Com a educação ambiental, a tradicional separação entre as disciplinas, humanas, exatas e naturais, perde sentido, já que o que se busca é o diálogo de todas elas para encontrar alternativas e solução dos problemas ambientais.

Na educação ambiental escolar deve-se enfatizar o estudo do meio ambiente onde vive o aluno e a aluna, procurando levantar os principais problemas cotidianos, as contribuições da ciência, da arte, dos saberes populares, enfim, os conhecimentos necessários e as possibilidades concretas para a solução deles.

O fato de a educação ambiental escolar priorizar o cotidiano do aluno e da aluna não significa, de forma alguma, que as questões (aparentemente) distantes não devam ser abordadas, pois não devemos esquecer que estamos procurando desenvolver não só a sua identidade e participação como cidadã e cidadão brasileiros, mas também como cidadã e cidadão planetários.

Para muitos professores e professoras, pais, alunos e alunas, e o público em geral, a educação ambiental só pode ser feita quando se sai da sala de aula e se estuda a natureza *in loco*. Essa é uma atividade pedagógica rica de possibilidades, mas se corre o risco de tê-la como única atividade possível, quando é apenas mais uma.

É sempre muito agradável poder passar algumas horas estudando ou fazendo atividades em parques e reservas ecológicos, jardins botânicos, ou em qualquer lugar rico nos seus aspectos naturais e/ou culturais.

No entanto, a natureza conservada não deve ser apresentada como modelo, já que o que existe no cotidiano entre a sociedade e a natureza é uma relação de permanente transformação de ambos.

Claro que devemos preservar determinados locais de interesse ecológico, histórico e artístico, conhecê-los e admirá-los, porém não devemos tê-los como modelo extensivo a todo meio natural e/ou construído, pois modelos são quase sempre estáveis e harmônicos e a vida cotidiana é feita de relações muitas vezes conflituosas e em constante modificação.

A educação ambiental realizada nesses espaços preservados deve enfatizar os motivos pelos quais foram e devem ser preservados, bem como ser ressaltada a sua importância estética, histórica e ecológica para as sociedades do passado e para os contemporâneos.

Enfatizei que as práticas pedagógicas de educação ambiental precisam estimular o contato e as relações com a comunidade. As saídas da sala de aula ou mesmo da escola devem, sempre que possível, ser realizadas, mas não necessariamente só em visitas às áreas preservadas.

Quantas vezes os professores e as professoras organizam, com muita dificuldade, atividades em locais situados a muitos quilômetros de distância da escola, desconsiderando que ali mesmo nas proximidades existem possibilidades interessantes?

Essas atividades de educação ambiental podem acontecer na cozinha da escola ao se observar a presença ou não dos agrotóxicos e dos transgênicos nos alimentos, os hábitos alimentares, o desperdício e as possibilidades de mudança; no jardim ou no terreno da escola pode-se estudar a biodiversidade.

Nas imediações da escola, pode-se estudar as atividades das indústrias vizinhas e as suas fontes poluidoras ou ainda as atividades agrícolas, o comércio e o movimento do trânsito, além das poluições sonora, visual, da água e do ar, o crescimento da população, a rede de saneamento básico, entre tantos outros temas.

O importante é incluir nas atividades de educação ambiental a temática próxima ou distante (geograficamente) relacionada com o cotidiano das pessoas daquele lugar, mas sem se esquecer de que, em qualquer lugar que estejamos no mundo.

Conhecer, debater e se posicionar sobre os motivos e as consequências do desmatamento da Amazônia é de interesse, por exemplo, das estudantes e dos estudantes gaúchos e o plantio da soja transgênica no Rio Grande do Sul é de interesse das estudantes e dos estudantes que vivem na Amazônia.

Conhecer, debater e se posicionar sobre os motivos e as consequências da transposição do rio São Francisco diz respeito não só aos moradores de suas margens, mas a todos os cidadãos e cidadãs brasileiros e planetários.

Da mesma forma que a construção de novas usinas nucleares e o enriquecimento de urânio são temas que não dizem respeito apenas ao cotidiano dos estudantes e das estudantes de Angra dos Reis ou de Iperó.

Muitos parques e reservas ecológicos, assim como os movimentos ambientalistas, oferecem atividades de educação ambiental às escolas.

Algumas dessas atividades baseiam-se na transmissão de conhecimentos científicos e na conscientização para a conservação da natureza. Essas atividades têm o seu valor, mas se não abordam os aspectos políticos, econômicos, culturais e sociais, não podem ser considerados educação ambiental, mas sim ensino de biologia e/ou ecologia, em que, na maioria das vezes, o homem (geralmente se esquecem da mulher) é apresentado como um elemento a mais na cadeia de energia, ou, ainda, como o vilão da história. Como se todos os males causados ao meio ambiente fosse de responsabilidade do "homem" em geral, sem diferenciação alguma entre nós.

Há grandes e significativas diferenças entre, por um lado, uma pessoa que extrai da natureza apenas o necessário para se alimentar e alimentar a sua família, entre um agricultor ou agricultora que não utiliza agrotóxicos nas suas plantações nem está interessado nas sementes transgênicas, um cidadão ou uma cidadã que vive nos grandes centros urbanos e, por opção, utiliza os transportes públicos, com uma pessoa que não se preocupa com o consumo excessivo de energia elétrica e/ou de água, ou com um produtor de armas nucleares e biológicas ávido para vender a sua mercadoria. Os impactos ambientais que provocamos com o nosso estilo de vida são diferentes e diferenciados e precisam ser enfatizados e não camuflados na afirmativa simplificadora de que "o homem destrói o meio ambiente".

Com o crescente debate relacionando o meio ambiente às questões sociais, essas atividades, naturalistas e naturalizadoras, de educação ambiental que enfocam apenas os aspectos biológicos da vida, tendem a adaptar-se, porém deve-se ficar atento para que o conservadorismo biológico a que normalmente se propõem não se transforme em conservadorismo político, caracterizado pela visão biologizante da sociedade e dos seres humanos.

Em síntese, estou afirmando que o professor e a professora podem educar (e educar-se) ambientalmente em qualquer lugar.

Para melhor explicitar o que é, então, educação ambiental, na escola ou fora dela, creio ser necessário abordar os seus objetivos específicos, os conteúdos, os métodos e o processo de avaliação dos alunos, o que será feito nos próximos itens.

Objetivos da educação ambiental

Na Carta de Belgrado foram definidos seis objetivos indicativos da educação ambiental. Apresentarei e comentarei cada um deles:

I. Conscientização

Levar os indivíduos e os grupos associados a tomarem consciência do meio ambiente global e de problemas conexos e de se mostrarem sensíveis aos mesmos.

Comentário:

"Conscientizar" significa que a educação ambiental deve procurar chamar a atenção para os problemas planetários que afetam a todos, pois a camada de ozônio, o desmatamento da Amazônia, as armas nucleares, o desaparecimento de culturas milenares etc. são questões só aparentemente distantes da realidade dos alunos e das alunas. Um dos problemas desse objetivo é o próprio termo "conscientização" que é muito utilizado entre nós e que geralmente é remetido ao pensamento pedagógico de Paulo Freire. O problema é que uma pessoa não passa automaticamente a sua consciência sobre qualquer tema a outra pessoa, apenas pela transmissão de conhecimentos.

Outros autores duvidam mesmo dessa possibilidade de se "conscientizar" alguém por meio da educação. Para maior aprofundamento desse tema, sugiro que o leitor e a leitora procurem ler o livro de Paulo Freire *Cartas a Cristina: reflexões sobre minha vida e minha práxis* (São Paulo: Ed. Unesp, 2003, 2ª edição), no qual ele se (re)posiciona sobre o que é conscientizar.

II. Conhecimento

Levar os indivíduos e os grupos a adquirir uma compreensão essencial do meio ambiente global, dos problemas que estão a ele interligados e o papel e o lugar da responsabilidade crítica do ser humano.

Comentário:

O conhecimento proporcionado pela ciência e pelas culturas não necessariamente escolarizadas sobre o meio ambiente precisa ser democratizado. As pessoas devem ter acesso a eles. Assim, a educação ambiental não transmite só o conhecimento científico, mas enfatiza e provoca a necessidade de diálogo entre todo tipo de conhecimento, inclusive com a arte, que permita ao cidadão e à cidadã uma melhor atuação e intervenção cotidiana na busca de soluções e alternativas socioambientais.

III. Comportamento

Levar os indivíduos e os grupos a adquirir o sentido dos valores sociais, um sentido dos valores sociais, um sentimento profundo de interesse pelo meio ambiente e a vontade de contribuir para sua proteção e qualidade.

Comentário:

Não adianta só falar do meio ambiente, mas também mudar os comportamentos individuais e sociais. Os exemplos aqui podem ser vários, dos mais simples aos mais complexos, tais como não fumar nos lugares coletivos, não destruir árvores, economizar energia e água, além de outros recursos naturais básicos, utilizar mais os transportes públicos, respeitar as regras de trânsito etc. Porém, mudar comportamentos, objetivo muito recorrente e dos mais buscados na educação ambiental, não é simples.

O que leva uma pessoa ou um grupo a mudar um comportamento considerado de alto impacto ambiental?

A educação ambiental precisa ficar atenta para não cair nem fomentar um discurso moralista de "bom comportamento", mas discutir e aprofundar a complexidade psicológica, social, econômica, cultural e ecológica de cada comportamento, individual e/ou coletivo, que se quer mudar, sugerir e buscar alternativas.

IV. Competência

Levar os indivíduos e os grupos a adquirir a competência necessária à solução dos problemas. Nem todos têm capacidade técnica para resolver os problemas ambientais. Reconhecer essa deficiência é um primeiro passo para superá-la.

Comentário:

A noção de competência impregnou o discurso pedagógico principalmente após a década de 1990. Mas o que isso significa exatamente?

O objetivo definido em Tbilissi é bem claro nesse item. A competência se adquire coletivamente. Ninguém sozinho poderá enfrentar os desafios que se apresentam. Não se trata apenas de uma competência puramente técnica, adquirida com estudos e formação escolar. Competência é também a capacidade de avaliação e de intervenção, de diálogo e de intercâmbio que cada um de nós tem com pessoas e profissionais que possuem conhecimentos diferenciados e complementares ao nosso.

A educação ambiental pode auxiliar a superação das lacunas ou a ausência de competências específicas e necessárias para se analisar e buscar alternativas aos problemas cotidianos, provocando e promovendo esses diálogos e buscando elaborar meios técnicos de intervenção com a ajuda de especialistas, conhecedores autodidatas, cidadãos e cidadãs.

V. Capacidade de avaliação

Levar os indivíduos e os grupos a avaliar medidas e programas relacionados ao meio ambiente em função de fatores de ordem ecológica, política, econômica, social, estética e educativa.

Comentário:

É fundamental para a participação do cidadão e da cidadã poder decifrar a linguagem dos projetos, de riscos ambientais elaborados por técnicos especializados.

Esses documentos, muitas vezes, são elaborados e escritos para não serem compreendidos para quem não detém conhecimento técnico específico. A linguagem técnica, cifrada e compreensível por um grupo seleto é uma estratégia de poder que a educação ambiental precisa desconstruir.

Quando cientistas dizem, por exemplo, que os transgênicos não fazem nenhum mal à saúde das pessoas e à dinâmica dos ecossistemas, usando para isso o apoio de pesquisas científicas, apresentando dados estatísticos, conceitos e conclusões que mascaram interesses econômicos e ideológicos, impedem que um diálogo entre especialistas e leigos se realize. Agindo assim, os especialistas bloqueiam e/ou negam aos leigos um direito cívico básico que é a possibilidade de avaliação sobre temas complexos e polêmicos.

A capacidade de avaliação que cada um adquire por meio da educação ambiental permite ou impede que projetos sejam efetuados. A educação ambiental procura "traduzir" e discutir a linguagem técnico-científica de projetos duvidosos para a compreensão de todos.

VI. Participação

Levar os indivíduos e os grupos a perceber suas responsabilidades e necessidades de ação imediata para a solução dos problemas ambientais.

Procurar estimular nas pessoas o desejo de participar na construção de sua cidadania. Fazer com que as pessoas entendam a responsabilidade, os direitos e os deveres que todos têm numa sociedade democrática.

Comentário:

Os objetivos definidos na Carta de Belgrado em 1975 são históricos e precisam ser contextualizados. Mudanças políticas, sociais, culturais e educacionais radicais ocorreram nesses últimas décadas. As questões ecológicas passaram a ser um componente fundamental em todos eles. Noções de meio ambiente possibilitaram a instituição da temática em vários níveis: internacional, nacional, estadual e local.

Os organismos da ONU como a Unesco e o Pnud são os mais conhecidos internacionalmente, mega ONGs como o WWF, IUCN ou movimentos como o Greenpeace e Amigos da Terra estão presentes em vários países. No Brasil foi criado o Ministério do Meio Ambiente e todos os Estados e as inúmeras prefeituras possuem suas secretarias de meio ambiente. As universidades e os institutos de pesquisa acompanharam esse movimento de institucionalização no qual é possível observar que a educação ambiental é quase sempre lembrada como um componente central.

A ampliação da discussão, da difusão e da influência da educação ambiental tende também a ampliar os objetivos definidos na Carta de Belgrado. Vários documentos como a Agenda XXI, Tratado de Educação Ambiental para as Sociedades Sustentáveis, Carta da Terra, e a Carta das Responsabilidades Humanas trazem elementos novos e aprofundam os objetivos iniciais da educação ambiental. Tudo isso é resultado de intensa participação de cidadãos e de cidadãs em todo o mundo, que, além de darem visibilidade à educação ambiental, ampliaram os seus objetivos iniciais. Na Declaração do Rio, elaborada na Conferência das Nações Unidas para o Meio Ambiente e Desenvolvimento em 1992, foram definidos 27 princípios de ação, entre eles, encontram-se os seguintes:

1) Princípio das responsabilidades comuns, mas diferenciadas.

Os Estados devem atuar no sentido de cooperação mundial tendo em vista conservar, proteger e restabelecer a saúde e a integridade do ecossistema terrestre. Considerando os diferentes papéis representados na degradação do meio ambiente mundial, os Estados têm responsabilidades comuns mas diferenciadas. Os países desenvolvidos admitem a responsabilidade que lhes cabe no esforço internacional em favor do desenvolvimento sustentado, considerando a pressão que suas sociedades exercem sobre o meio ambiente mundial e as técnicas e recursos financeiros que possuem.

2) Princípio da equidade intra e intergerações na satisfação ao direito ao desenvolvimento.

O direito ao desenvolvimento deve ser realizado de forma que satisfaça equitativamente as necessidades relativas ao desenvolvimento e ao meio ambiente das gerações atuais e futuras.

3) Princípio da precaução e incertezas científicas.

Para proteger o meio ambiente, medidas de precaução devem ser amplamente aplicadas pelos Estados segundo suas capacidades. Em caso de risco de consequências graves ou irreversíveis, a ausência de certeza científica absoluta não deve servir de pretexto para adiar a adoção de medidas efetivas visando prevenir a degradação do meio ambiente.

4) Princípio de participação e exigência de bom governo.

A melhor forma de abordar as questões de meio ambiente é garantir a participação de todos os cidadãos e cidadãs interessados em nível adequado. No nível nacional, cada indivíduo deve ter assegurado acesso às informações relativas ao meio ambiente que possuem as autoridades públicas, inclusive às informações relativas às substâncias tóxicas e às atividades perigosas em sua comunidade, e ter a possibilidade de participar aos processos de tomada de decisão.

Os Estados devem facilitar e estimular a sensibilização e a participação do público disponibilizando as informações. Uma possibilidade efetiva de ações judiciárias e administrativas, principalmente a de indenizações e de recursos, deve ser assegurada.

Conteúdos da educação ambiental

A educação ambiental não se baseia apenas na transmissão de conteúdos específicos, já que não existe um conteúdo único, mas vários, dependendo das faixas etárias a que se destina e dos contextos educativos em que se processam as atividades.

O conteúdo mais indicado é aquele originado do levantamento da problemática ambiental vivida cotidianamente pelos alunos e pelas alunas e que se queira resolver. Esse levantamento pode ser feito conjuntamente por alunos e alunas com os professores e as professoras.

Temos encontrado nas atividades de educação ambiental e na bibliografia disponível, principalmente a relacionada com livros e material didáticos para os ensinos básico e fundamental, conteúdos bem diversos, como saneamento básico, extinção de espécies, poluição em geral, efeito estufa, biodiversidade, reciclagem do lixo doméstico e industrial, energia nuclear, produção armamentista etc.

A educação ambiental não prioriza a transmissão de conceitos específicos de nenhuma disciplina ou área de conhecimento. No entanto, alguns conceitos básicos originados da biologia ou da geografia, como ecossistema, hábitat, nicho ecológico, fotossíntese, cadeia alimentar, cadeia de energia, território, espaço etc., devem ser construídos e compreendidos pelos alunos e pelas alunas e não decorados e repetidos automaticamente.

Os conceitos científicos citados, que poderiam ser outros oferecidos por outras áreas de conhecimento, têm como função fazer o elo entre a ciência e a temática ambiental cotidiana. Dessa forma, cada uma dessas áreas de conhecimento tem a sua contribuição para dar à educação ambiental, principalmente quando consegue envolver nas práticas pedagógicas os professores e as professoras de biologia, português, educação artística, geografia, história, inglês, educação física, entre outros.

O conteúdo da educação ambiental procura possibilitar ao aluno e à aluna as ligações entre a ciência, as questões imediatas e as questões mais gerais, nem sempre próximas geográfica e culturalmente. Tendo sido escolhido o conteúdo a ser estudado, é necessário definir os métodos pedagógicos a serem utilizados; que serão abordados no próximo item.

METODOLOGIAS DA EDUCAÇÃO AMBIENTAL

Muitos são os métodos possíveis para a realização da educação ambiental. O mais adequado é que cada professor e professora estabeleça o seu e vá ao encontro das características de seus alunos e de suas alunas. Se o professor ou a professora ainda não desenvolveu o seu próprio método, o mais indicado é entrar em contato com colegas que têm mais experiência e constituir uma rede de intercâmbio.

Para determinado tema ambiental há diversas possibilidades metodológicas. Algumas mais adequadas às condições específicas e às possibilidades concretas dos professores e das professoras, outras mais distantes e inviáveis. Na escolha e na definição da metodologia de trabalho reside um dos aspectos que caracteriza a criatividade e a autonomia do professor e da professora diante dos desafios e das possibilidades que encontram cotidianamente.

As aulas expositivas não são muito recomendadas na educação ambiental, mas elas podem ser muito importantes quando bem preparadas e quando deixam espaço para os questionamentos e a participação dos alunos e das alunas.

Uma aula expositiva bem dada, mesmo considerada tradicional, ainda é muito melhor do que as aulas em que o professor e a professora se "fantasiam" de estudante para conquistar a sua simpatia, impedindo assim que o aluno e a aluna entrem em contato com as ideias, os conhecimentos, a experiência e o comportamento de uma geração que não é a sua.

Para a realização da educação ambiental podemos empregar metodologias diferentes entre si: a) só o professor ou a professora fala não deixando espaço e tempo para nenhuma outra intervenção que não seja a sua. b) os alunos e as alunas fazem experiências, trabalhos, discutem e apresentam suas conclusões e dificuldades encontradas sobre o tema; c) os alunos e as alunas aprendem a definição de conceitos e descrevem o que eles puderam observar, por exemplo, em uma excursão ou em um filme que assistiram; d) os alunos e as alunas completam a descrição das observações e das intervenções realizadas com os dados e as informações e procuram responder a uma série de questões e dúvidas sobre o tema abordado.

A educação ambiental que visa a participação do cidadão e da cidadã na solução dos problemas está mais próxima de metodologias que permitam questionar dados e ideias sobre um tema específico, propor soluções e apresentá-las publicamente.

Com metodologias que permitem e convidam à participação, o aluno ou a aluna constrói e desenvolve progressivamente o seu conhecimento e o seu comportamento em relação ao tema junto com os colegas, as colegas, os professores, as professoras e seus familiares, de acordo com a idade e a capacidade de assimilação e de intervenção naquele momento de sua vida.

A metodologia participativa pressupõe que o processo pedagógico seja aberto, democrático e dialógico entre os próprios alunos e alunas e entre os alunos e as alunas e os professores e as professoras e a administração da escola com a comunidade em que vivem, com a família e com a sociedade em geral.

Vejamos um exemplo de metodologia participativa empregada relatado por uma professora de biologia em São Paulo, nos anos 1980:

> Para a semana de ecologia, meus alunos realizaram entrevistas com os velhos moradores do bairro, que conhecem a industrialização ali ocorrida. Eles nos contaram como era antes e depois que as indústrias chegaram. Os alunos mantiveram também contatos com a associação de moradores

> e com grupos ecologistas. Criaram um clube ecológico e
> um jornal que é distribuído na escola. Além disso, fizemos
> (inclusive professores e funcionários) uma limpeza geral na
> escola e plantamos muitas árvores no bairro. Fizemos um
> levantamento dos principais problemas do bairro e as possi-
> bilidades de solução.

A educação ambiental está também muito ligada à interdisciplinaridade, que, como já vimos, é compreendida e aplicada das mais diversas formas.

Geralmente, ocorre a interdisciplinaridade quando docentes de diferentes disciplinas realizam atividades comuns, sobre um tema. Assim temos diferentes interpretações sobre o assunto em pauta e as possíveis contribuições específicas de cada disciplina.

Assim era relatada a prática pedagógica considerada interdisciplinar, por um professor de ciências nos anos 1980 que trabalhou com uma colega de português:

> Realizamos debates entre os alunos, atividades de sensibi-
> lização e exposição oral, encenações teatrais e a realização
> de um jornal a partir de reportagens publicadas nos jornais
> sobre meio ambiente. Eu trabalho os aspectos mais cientí-
> ficos dos problemas e a professora de português trabalha a
> interpretação dos textos.

Além de uma compreensão mais global sobre o tema, essa possibilidade metodológica pode proporcionar o intercâmbio de experiências dos professores e das professoras com os alunos e as alunas e envolver toda a comunidade escolar e extraescolar.

Mas precisamos ficar atentos para não confundirmos interdisciplinaridade com transdisciplinaridade. Essas duas noções não são sinônimas. Ao contrário da interdisciplinaridade, a transdisciplinaridade desconsidera a noção de "disciplina", propondo a sua superação. A transdisciplinaridade rompe com todos os limites e as categorizações dadas aos conhecimentos em tempos remotos das ciências.

Outras metodologias têm se mostrado muito adequadas para a realização da educação ambiental. Entre elas, citamos: história de vida e pedagogia do projeto.

História de vida é um método originado da antropologia, que é bastante utilizado em estudos de psicologia, sociologia e educação e que se aplica muito bem na educação ambiental. Essa metodologia consiste basicamente no levantamento e na descrição de histórias relacionadas sobre um tema ambiental, vividas pelos alunos e pelas alunas, por seus familiares, vizinhos e amigos. As histórias de vida podem ser apresentadas de forma oral, escrita ou visual (filmes ou fotografias). Geralmente, essa metodologia enfatiza as trajetórias e as relações de pessoas e grupos sociais com determinado tema em determinado momento histórico.

Na pesquisa que fiz para minha tese de doutorado, que procurava identificar as representações de meio ambiente e as práticas pedagógicas que incluíam a educação ambiental na cidade de São Paulo, obtive o depoimento de um professor de matemática, cuja prática pode ser apresentada como um exemplo da possibilidade oferecida pela metodologia de história de vida. Ele dizia:

> Nós fizemos um levantamento dos problemas ambientais vividos pelos alunos e por seus pais, nos locais de trabalho, em casa, na escola. Nós analisamos esses problemas, comparando-os e procurando observar as causas comuns e os efeitos particulares, procurando encontrar a solução para alguns deles.

Por serem histórias individuais e/ou coletivas, que enfatizam as vivências, elas podem parecer fragmentadas, mas, ao serem expostas e discutidas pelos alunos e pelas alunas, permitem a compreensão, a identificação, as modificações ocorridas e sentidas por eles e a busca de soluções e respostas coletivas para as questões que eram vistas como questões individuais.

História de vida é uma metodologia pedagógica que permite empregar a criatividade e expressar a compreensão de conceitos científicos e dos problemas ambientais em discussão.

A pedagogia do projeto é um método que envolve toda a escola, incluindo os pais dos alunos e das alunas no estudo de um tema específico. Ele permite que cada um (individualmente ou em grupo) desenvolva o tema proposto sob a sua ótica, interesse e especificidade. Os pais participam contribuindo com a sua experiência e seu conhecimento sobre o tema. Os alunos e as alunas se empenham em explorar particularidades que lhes interessam. Num mesmo ano letivo, a escola pode desenvolver um tema geral, com vários subtemas, ligando-os ao conhecimento científico, popular, étnico e ao cotidiano.

Essa metodologia era pouco empregada no Brasil quando escrevi a primeira versão deste livro. Hoje é possível verificar que muitas escolas a adotam com resultados bastante positivos, principalmente quando relacionados com as questões ambientais.

A pedagogia do projeto é uma metodologia (e mesmo uma proposta educativa em si) que de forma geral sintetiza todas as outras aqui abordadas, pois: a) conta com os alunos e as alunas nas decisões (cogestão pedagógica); b) promove a busca de alternativas e de solução dos problemas como um processo de aprendizagem; c) utiliza o conhecimento coletivo e individual; d) emprega a interdisciplinaridade; e) utiliza a comunidade como tema de aprendizagem.

A educação ambiental, como já foi observado, tem estimulado a consolidação de uma concepção de se pensar e praticar a educação contemporânea, nas escolas e em outros espaços de aprendizado, que se manifesta nos seus objetivos, conteúdos e metodologias.

Nela encontra-se outro aspecto de extrema importância e, no entanto, pouco estudado até o momento. Trata-se do processo de avaliação dos alunos e das alunas, que discutiremos a seguir.

VIII
A AVALIAÇÃO DOS ALUNOS E DAS ALUNAS

O processo de avaliação dos alunos e das alunas está diretamente relacionado e depende dos objetivos, dos conteúdos e das metodologias da prática pedagógica. Se a educação está pautada apenas na transmissão de conteúdos, de conhecimentos científicos então é de se esperar que a avaliação seja caracterizada pela "avaliação de aprendizagem". Em outras palavras, que seja realizada procurando identificar os conhecimentos científicos adquiridos (ou não) pelos alunos e pelas alunas por meio das clássicas provas de perguntas e respostas sobre o conteúdo desenvolvido em sala de aula.

Porém, a educação ambiental como educação política está basicamente empenhada na construção e no diálogo de conhecimentos, na desconstrução de representações ingênuas e preconceituosas, na mudança de mentalidade, de comportamentos e de valores e na participação e intervenção cidadã dos alunos e das alunas.

Assim, qualquer processo de avaliação é um momento extremamente delicado se realizado apenas pelo professor e pela professora devido ao seu forte componente subjetivo. Não se trata de avaliar os conhecimentos científicos elaborados e/ou apreendidos pelos alunos e pelas alunas.

Embora essa aprendizagem seja importante, o processo de avaliação vai muito além dela. Como podemos avaliar a compreensão do que é cidadania? Como os alunos e as alunas entendem e praticam essa perspectiva política? Como se veem como cidadãos e cidadãs? Como se inserem em projetos e se associam a movimentos e ações de intervenção, ali onde moram ou em locais distantes do seu espaço cotidiano?

Na perspectiva da educação ambiental como educação política a avaliação dos alunos e das alunas não é realizada para medir incapacidades ou incompetências, mas sim para permitir-lhes identificar o que precisam (ou não) explorar, conhecer, analisar e escolher para a busca de alternativas e interações que possibilitem a solução dos problemas ambientais que identificam e que querem superar.

A avaliação tradicional, que busca identificar dificuldades de aprendizagem, quando bem-feita, pode permitir ao aluno e à aluna conhecerem seus limites teóricos-práticos-científicos, assumindo o caráter formativo e não punitivo. Mas ela é limitada por não estar preocupada em identificar as dificuldades e/ou possibilidades que um ou uma estudante encontra para se tornar cidadão ou cidadã.

As representações, os erros e os acertos sobre conceitos e conhecimentos científicos dos alunos e das alunas, no entanto, podem estimular o diálogo entre eles e quem os avalia, e não provocar uma barreira intransponível entre estudantes e professores e professoras.

Para evitar o máximo possível a avaliação tradicional e punitiva e estimular a reflexão e o diálogo, uma alternativa é a autoavaliação. Não se trata de o aluno ou a aluna se dar uma menção para que seja aprovado. Trata-se de um exercício reflexivo de como se deu seu aprendizado, suas mudanças, suas possibilidades e suas dificuldades em atuar como cidadão ou cidadã diante do que vive, do que vê, do que considera injusto, repressivo e ecologicamente inviável.

O processo de avaliação é o momento pedagógico reservado para a manifestação do envolvimento do aluno e da aluna com a sociedade. Momento em que podem relacionar o conhecimento adquirido e discutido nas práticas pedagógicas com o aprendizado trazido de suas experiências individuais, familiares, culturais e sociais. Em outras palavras, a avaliação proposta é o momento pedagógico no qual se pode verificar o aprendizado que cada um construiu, trouxe e compartilhou com a sua comunidade.

A ideia sobre a qual estamos insistindo de que se deve "pensar globalmente e atuar localmente" e "pensar localmente e agir globalmente" pode orientar a avaliação (e a autoavaliação) considerando prioritário que o aluno ou a aluna consiga perceber os problemas da humanidade acima dos seus interesses individuais e imediatos. No entanto, precisamos estar atentos para os limites de tal avaliação, para não tirarmos conclusões apressadas sobre os alunos e as alunas. A avaliação e a autoavaliação são processos com avanços e recuos, que nos surpreendem constantemente e não nos trazem certezas absolutas e definitivas sobre nada nem ninguém.

Como a educação ambiental propõe a noção de responsabilidade, não só com o planeta e a comunidade, mas também consigo próprio, a autoavaliação, constante e processual, é um dos momentos pedagógicos que mais se aproxima da perspectiva da educação ambiental como educação política.

Recursos didáticos

A educação ambiental conta com vários recursos didáticos a ser empregados.

Eles podem ser muitos simples ou sofisticados, porém, qualquer que seja a sua característica, a sua boa aplicação depende muito da criatividade e competência do professor ou da professora. Características essas que estão relacionadas com a capacidade de o professor ou a professora escolher materiais adequados à faixa etária dos alunos e das alunas e com conteúdo pertinente, aprofundado e com embasamento científico, privilegiando as diversas opiniões e controvérsias sobre um mesmo tema.

O professor ou a professora é competente e criativo ou criativa quando oferece material que foge do lugar-comum, do óbvio e do que é exaustivamente apresentado e repetido (da mesma maneira) principalmente na televisão.

Entre os recursos didáticos simples, considero a própria aula dada desprovida de grandes apetrechos, mas repleta de possibilidades de diálogos e debates de posições diferentes e aprofundados. A aula é um excelente recurso didático quando esta não é confundida com atividade de educação ambiental, esporádica, mas sim quando a perspectiva da educação ambiental é incluída nas práticas pedagógicas cotidianas das mais diversas disciplinas.

Isso ocorre sempre ao relacionar os problemas ambientais vividos cotidianamente pelos alunos e pelas alunas e o conhecimento, as ideias e as opiniões (representações) existentes entre eles e as possibilidades de intervenção e mudanças.

A própria escola, com seus problemas ambientais específicos, pode fornecer elementos de estudo e debates e fazer surgir ideias para a solução de muitos deles, envolvendo os alunos e as alunas e a comunidade na sua manutenção.

A participação dos alunos e das alunas, dos funcionários e das funcionárias, dos professores e das professoras, e outras pessoas que circulam no espaço escolar e nos seus arredores é um exercício de convívio comunitário, voltado para o bem comum e coletivo. Mas essa participação não deve ser forçada e intimadora. Participa quem quiser e se reconhecer nessas atividades. O importante é criar espaços de acolhimento

O que é educação ambiental 79

aos que hesitam e respeitar o tempo, disponibilidade, interesse e possibilidades de cada um.

Fora da escola, as áreas verdes, as indústrias, o bairro, enfim, fornecem elementos que estimulam maior participação dos alunos e das alunas como cidadãos e cidadãs e também maior conhecimento sobre si e os seus próximos.

Entre os recursos didáticos, podemos incluir o acesso aos meios de comunicação de massa e a tecnologia (penso aqui na internet). Discutir em sala de aula artigos publicados na imprensa, programas e reportagens de televisão, entrevistas de rádio, documentos e opiniões presentes em blogs e sites é sempre muito enriquecedor.

Um mural ou um "jornal ambiental" exposto em lugares onde os alunos e as alunas possam ler e afixar notícias é de simples realização e de resultados muito positivos. A elaboração de documentos, vídeos e fotografias e disponibilizados em rede (por exemplo, no YouTube) permite o estabelecimento de comunidades virtuais e compartilhamento de ideias e possibilidades de ação. Não são poucos os autores que relacionam esse compartilhamento virtual como uma das mais visíveis características da cidadania planetária.

Os recursos didáticos mais sofisticados, como os "estudos do meio" em regiões de interesse ecológico, ou a produção e veiculação de filmes, vídeos, teatro etc. exigem investimentos financeiros, nem sempre de baixo custo. Porém, algumas entidades culturais e filantrópicas realizam essas atividades periodicamente a preços acessíveis.

Nos primeiros anos da década de 1990, houve um grande interesse editorial pela publicação de livros didáticos de educação ambiental. Uma análise mais rigorosa desses livros impediria de considerá-los de educação ambiental, pois estão mais próximos dos livros didáticos de biologia, ciências e/ou geografia.

Embora essa produção continue existindo e adentrando as escolas, ela tem de dar espaço a livros mais bem elaborados e aprofundados, que não transformam o meio ambiente em um discurso vazio e repetitivo. A produção brasileira de livros de qualidade voltados para a temática ambiental, se não é muito grande, é pelo menos expressiva. Entre os autores que mais se destacam nessa produção estão Nilson Moulin e Rubens Matuck. Na literatura são vários os textos que podem subsidiar práticas de educação ambiental desde os clássicos, como Guimarães Rosa, Jorge Amado (da primeira fase) e Graciliano Ramos, aos contemporâneos, como Domingos Pelegrini Jr., Ignácio Loyola Brandão, Manoel de Barros e Milton Hatoum.

A música tem contribuído muito com o nosso tema e a lista de indicações bem conhecidas poderia ser muito extensa. Mas sugiro particularmente o trabalho de Tetê Espíndola e Marta Catunda e o de resgate da música indígena que Marlui Miranda realiza há pelo menos três décadas.

Em se tratando de música, precisamos ficar atento aos diferentes interesses que existem entre gerações e nas mesmas gerações. O intercâmbio de interesses musicais (e estéticos) entre gerações é muito rico e prazeroso quando os preconceitos são desconstruídos e deixados de lado.

Indicar filmes é sempre um pouco mais complicado pela dificuldade de acesso, mas, hoje, a produção brasileira e internacional, sobretudo curtas-metragens de cineastas jovens, é bem marcante. Anualmente é realizado o Festival de Cinema Ambiental na cidade de Goiás. Vale a pena conferir o que é apresentado ali e procurar disponibilizar alguns dos filmes para os alunos e as alunas e para a comunidade.

Já sabemos do efeito nefasto dos livros didáticos na sala de aula, porém, num país com pouca tradição no hábito da leitura, esses livros, quando permitem ir além do conteúdo que apresentam, podem ser valiosos, mas é necessário cautela com eles. O principal cuidado é o de não utilizá-los como guias de atividades de educação ambiental.

Os recursos didáticos mais artísticos e criativos são os mais adequados à perspectiva inovadora que a educação ambiental traz à educação escolar de forma geral.

Com a contribuição das artes plásticas é possível produzir trabalhos simples, baratos e de grande interesse. Não são poucos os artistas brasileiros que tiveram ou tem essa preocupação ambiental e educativa. Entre eles podemos citar Frans Krajcberg, Helio Oiticica, Rubens Matuck e Siron Franco.

A internet disponibiliza uma série de informações sobre esses e outros artistas e imagens que podem ser utilizadas nas práticas pedagógicas cotidianas. Não é por falta de informação disponível sobre um tema e suas diversas interpretações que o professor ou a professora não realizará a educação ambiental. Mas atenção com o excesso de informação! Procure fazer uma seleção qualitativa, buscando enfatizar posições divergentes e contraditórias e analisá-las com os alunos e as alunas para que eles possam tirar suas próprias conclusões e construir conhecimentos sobre o tema que possibilitem uma intervenção cidadã, imediata, a médio ou a longo prazo.

A EDUCAÇÃO AMBIENTAL NO BRASIL

Já observamos qual foi a posição brasileira na Conferência de Estocolmo. Posição coerente com o modelo econômico de saque aos recursos naturais, apoiado no sistema político ditatorial-tecnocrata que esteve no poder no Brasil de 1964 a 1984.

No entanto, no início dos anos 1970 foi criada a Secretaria Especial do Meio Ambiente (Sema), subordinada ao Ministério dos Transportes, cujo primeiro secretário foi Paulo Nogueira Neto, famoso ecólogo e professor da Universidade de São Paulo.

O professor Paulo Nogueira Neto teve uma atuação extremamente importante num momento em que meio ambiente era visto como "inimigo do progresso" e num momento histórico no Brasil em que ser contrário ou taxado de opositor ao regime poderia levar à cadeia, ao exílio ou à morte.

A Sema era responsável pelos projetos de educação ambiental, e o Ministério dos Transportes o responsável pela construção da Transamazônica e, como se dizia naquele momento, "pela integração desta região ao resto do País".

Essa contradição explicita o contexto político-econômico-ambiental da época. Os projetos de educação ambiental desenvolvidos pela Sema eram extremamente conservacionistas, e a política e as práticas em vigor completamente outras, ou seja, nada conservacionista.

A educação ambiental oficial, desse período, é importante como referência histórica e merece ser mais bem pesquisada pelas novas gerações, pois, desde essa época, e não só no Brasil, tem sido um problema sério quando a educação ambiental fica submetida aos interesses políticos e partidários dos eventuais grupos no poder nacional, estadual ou municipal.

Independentemente do autoritarismo do governo tecnocrático da ditadura militar, uma consciência ambiental crítica surgiu no Brasil nos anos 1970, acompanhando o que estava acontecendo em outros países. Destacaram-se nessa época, entre nós, a atuação de, entre outros, Alberto Ruschi, Aziz Ab'Sáber, Cacilda Lanuza, Frans Krajcberg, Fernando Gabeira, José Lutzenberger e Miguel Abellá. Como consequência desse movimento, a educação ambiental começa a ser realizada timidamente por pequenos grupos e pessoas isoladamente, em escolas, parques, clubes e associações de bairro.

Em 1982, a Secretaria de Meio Ambiente de Porto Alegre realizou o I Encontro de Educação Ambiental que se tem notícia no Brasil, repetindo o mesmo evento em 1983. Em Sorocaba, interior de São Paulo, ocorreu em 1984 o Primeiro Encontro Paulista de Educação Ambiental. Embora de caráter regional, esse encontro reuniu os poucos praticantes e pesquisadores em educação ambiental que apresentaram trabalhos realizados nos últimos anos. Lá estavam Kazue Matsushima, Nicia Wendel de Magalhães e Marcos Marins, referências fundamentais na história da educação ambiental brasileira.

Com o assassinato de Chico Mendes no final dos anos 1980 e com a pressão internacional sobre o Brasil devido ao desmatamento da Amazônia e com a realização da Conferência das Nações Unidas no Rio de Janeiro, em 1992, ocorre o *boom* da educação ambiental, excessivamente presente na mídia e com poucos fundamentos políticos e pedagógicos.

Um exemplo dessa superexposição na mídia e fora dela pode ser verificado nos vários "Primeiro" Encontro Nacional de Educação Ambiental realizados após 1988.

Diante desse predomínio da quantidade de práticas em detrimento da qualidade, é compreensível a confusão conceitual, filosófica e metodológica em que se encontrava a educação ambiental.

Passado o *boom* e o interesse da mídia (ou vice-versa), a educação ambiental se solidificou nos movimentos sociais, escolas, universidades, secretarias, ministérios etc.

Os eventos, os encontros e os simpósios se multiplicaram por todo o Brasil, atraindo cada vez mais participantes. Ao mesmo tempo que o movimento da educação ambiental aumentou, também aumentou a necessidade do seu aprofundamento teórico e da sua pertinência política e social. Embora continuamos a observar em vários espaços a presença da educação ambiental vista e praticada como "espetáculo" sem profundidade e questionamentos, a tendência dessa concepção é se tornar apenas mais uma entre muitas que se abrigam na cada vez mais ampla definição de educação ambiental.

O claro posicionamento político de nossas atividades pedagógicas e de intervenção cidadã precisam estar pautadas na difusão de noções de bem comum, responsabilidade, autonomia, liberdade, participação, solidariedade, ética e cidadania. Essas noções não podem ser apenas palavras bonitas e "politicamente corretas". Elas precisam impregnar nosso cotidiano, nossas ações, nosso corpo, nossas práticas sociais e pedagógicas cotidianas.

Enquanto escrevo isso tenho em mente as greves de fome (a primeira ocorreu em outubro de 2005) do frei Luiz Cappio, contrário à transposição do rio São Francisco, e a imolação de Francisco Anselmo Barros em Campo Grande, Mato Grosso do Sul, em novembro de 2005, como protesto pela instalação de usinas de álcool no Pantanal.

Esses protestos ocorreram num momento em que estávamos distantes da ditadura militar, mas não da herança de sua concepção de desenvolvimento, que não considera ou prioriza as questões ambientais. Ocorreram num momento democrático, momento esse que muitos lutaram (e morreram) para que pudéssemos vivê-lo.

Contestar e se posicionar é um direito e dever de qualquer cidadão ou cidadã numa sociedade democrática e livre, e para isso ninguém precisa correr risco de vida ou colocar a vida em risco.

Quando brasileiros como Luiz Cappio e Francisco Anselmo Barros colocam suas próprias vidas em risco, eles nos lembram de que ainda estamos distantes da plena democracia de direitos e responsabilidades.

Perspectivas Futuras XI

Como já foi observado, nas últimas décadas ocorreu o *boom* da educação ambiental, tornando-a quase um modismo que confunde e afasta os seus praticantes mais ativos e comprometidos. Muitas atividades exóticas, distantes de um efetivo e aprofundado projeto político-pedagógico, foram as que tiveram mais visibilidade pública.

Como todo modismo, esse também foi passageiro, e atualmente há muitos projetos que se tornaram visíveis e influentes exatamente por apresentarem consistência pedagógica e política.

Com a realização da Rio-92, no Brasil, observamos o surgimento de pelo menos duas vertentes de educação ambiental. Uma, bastante numerosa, é a que vai no sentido do modismo e do oportunismo, é inerente a todo megaevento, busca visibilidade a qualquer custo e se aproxima muito mais de campanhas publicitárias.

O mais problemático foi o surgimento de escolas de educação ambiental e/ou escolas ecológicas dentro das concepções conservacionistas na ecologia, conservadora na política e equivocada no projeto político-pedagógico.

Essa perspectiva de grande apelo publicitário é a que ocupou com mais frequência os meios de comunicação de massa, os órgãos governamentais voltados para as questões ambientais e até mesmo algumas universidades no período que vai mais ou menos até 1995.

A segunda vertente é a que me interessa abordar e traduz todo o movimento educativo ocorrido na sociedade brasileira provocado pela Rio-92. Nesse movimento, a educação ambiental voltada para a consolidação da cidadania, que estava sendo praticada antes do *boom*, teve o espaço necessário para se consolidar como opção pedagógica crítica aos modelos educacionais conservadores.

Por outro lado, ainda devido à Rio-92, muitos livros, revistas especializadas e artigos foram publicados. A mídia realizou debates (às vezes sérios) com especialistas, políticos, cidadãos e cidadãs; a publicidade para o consumidor ou consumidora consciente tem destacado aspectos ecológicos; filmes, peças de teatro e exposições de artes plásticas com temas ambientais se multiplicaram.

Têm sido realizados eventos científicos por todo o Brasil; são firmados acordos de cooperação técnica e intercâmbios entre diversos países. A Escola de Engenharia da Universidade de São Paulo em São Carlos oferece um curso de especialização, provavelmente o mais antigo do Brasil, que há anos atrai pessoas de todo o país e tem no seu corpo docente profissionais altamente qualificados e reconhecidos.

Em várias outras universidades, públicas, comunitárias e privadas, se encontram cursos de capacitação e de especialização.

A Fundação Universidade do Rio Grande, no Rio Grande do Sul, oferece mestrado e doutorado específico em educação ambiental. Programas de pós-graduação em artes, educação, ecologia, saúde pública, geografia, sociologia, psicologia, engenharia etc. têm acolhido propostas de teses e dissertações em educação ambiental.

A quantidade e a diversidade de teses e dissertações hoje disponíveis é muito grande e as pessoas interessadas podem consultá-las no portal da Capes (www.capes.gov.br).

Os movimentos ambientalistas e sociais conquistaram espaços importantes, o que fortaleceu a sociedade civil e a democracia brasileira, ampliando a noção de cidadania no cotidiano.

Seria muito ingênuo pensar que todo esse movimento não passa de um modismo e oportunismo passageiros. Da mesma forma seria muito ingênuo considerar que tudo isso é suficiente para que a educação ambiental não precise mais se posicionar e se autoavaliar.

Se após a Rio-92 nada será como antes para a educação ambiental brasileira, o grande desafio que se apresenta no século XXI é se, depois de institucionalizada e reconhecida, poderá ela, efetivamente, contribuir para que as intervenções de cada um de nós e dos que a nós se juntarão poderão, enfim, construir uma sociedade justa, democrática, livre e sustentável.

Penso que contribuirão com esse processo as propostas e as alternativas educativas e ambientalistas, pautadas em sólidos projetos político-pedagógicos, mesmo que ainda minoritárias.

A tendência é o crescimento da demanda por especialistas em educação ambiental, daí o provável surgimento de muitos cursos. Porém, um acompanhamento e uma análise mais rigorosos dessas ofertas será de fundamental importância para que não tenhamos, num futuro próximo, profissionais formados apressadamente influenciando os rumos e conduzindo políticas públicas da educação ambiental no Brasil.

É bom lembrar que ser educador ou educadora ambiental é uma identidade, um reconhecimento de si muito mais que uma profissão como outra qualquer, que exige apenas conhecimentos técnicos e habilidades específicas. Uma pessoa que se considera um profissional da educação ambiental, além de seus conhecimentos técnicos e habilidades específicas, não negligencia nem coloca em segundo plano a sua militância e seu compromisso político de construção de uma sociedade justa, democrática e sustentável.

Espera-se que nos próximos anos aconteça uma maior produção acadêmica sobre o tema, pois inúmeras dissertações de mestrado e teses de doutorado estão sendo elaboradas. Essa contribuição de pesquisadores é de grande importância para ampliar, aprofundar e fundamentar os processos de formação (identitária e profissional) e as práticas dos educadores e das educadoras ambientais.

Outra tendência que poderá se manifestar nos próximos anos e que vai no sentido contrário de tudo aquilo que estamos argumentado aqui é a ênfase na educação ambiental como disciplina presente em vários níveis de escolaridade.

Continuo a afirmar que a educação ambiental não é uma disciplina, mas sim uma perspectiva pedagógica e política. Lembro que, todas as vezes que a educação ambiental foi proposta como disciplina, essa ideia foi firmemente combatida por muitos educadores e educadoras ambientais. Mais recentemente, no entanto, muitos e muitas colegas têm apoiado e divulgado a ideia de que é necessário se implementar a educação ambiental, como disciplina nas escolas. O debate está longe de estar concluído e provavelmente voltaremos a ele muitas outras vezes.

Penso que a educação ambiental como concepção político-pedagógica de várias atividades no âmbito escolar pode ser um exercício rico que antecede a inclusão dessa perspectiva na grade curricular. Mas perspectiva da educação ambiental não é disciplina.

Não se trata de oferecer uma disciplina de educação ambiental, mas sim conquistar brechas e possibilidades da contribuição da educação ambiental a todo processo pedagógico voltado para a ampliação da cidadania, da democracia, da liberdade, da justiça e das possibilidades de construção de uma sociedade sustentável.

Porém, se as aulas de biologia, ecologia, geografia ou de outra disciplina qualquer se transformarem em disciplina de educação ambiental, fica configurado um equívoco que não beneficia nem o desenvolvimento dessas disciplinas clássicas, nem o desenvolvimento da educação ambiental como educação política.

Vejo que a educação ambiental tende a oferecer à sociedade brasileira uma perspectiva de educação comprometida com as questões e os desafios de sua época e é nessa possibilidade que devemos investir nosso tempo, nossa reflexão e nossa atuação.

Inúmeros educadores e educadoras ambientais têm se aglutinado em redes, associações, grupos de estudos, revistas especializadas etc. A urgência e a necessidade de aprofundamento teórico, tendo como base esses desafios e alternativas buscadas, faz com que muitos estudos e pesquisas estejam sendo produzidos.

O reconhecimento da educação ambiental por parte de outros profissionais da educação tem se tornado concreto. Um exemplo disso é a constituição do Grupo de Educação Ambiental na Associação Nacional de Pesquisa em Educação – Anped (www.anped.org.br).

A partir de 2004, esse grupo de estudo, que reuniu vários colegas de muitas universidades brasileiras, se transformou em um Grupo de Trabalho da Anped (GT 22); assim, a educação ambiental passou a ser reconhecida pela Anped como uma área do conhecimento, como a filosofia da educação, a didática, o currículo, a educação popular, a história da educação etc.

Esse grupo tem a responsabilidade de aprofundar a práxis da educação ambiental, seus conceitos e suas possibilidades, ampliando a sua influência cultural, social e política. Da mesma forma, a educação ambiental tem sido incluída, como grupo de trabalho específico, nos encontros de outras associações de pesquisadores como a Associação Nacional de Pesquisa e Pós-graduação em Ambiente e Sociedade (Anppas) e a Associação Nacional de Pesquisa em Ensino de Ciências (Anpec).

Quanto aos aspectos relacionados com a política contemporânea e os movimentos sociais, a educação ambiental tende a dialogar com as propostas de justiça, autonomia e responsabilidade, participando, colaborando e se deixando influenciar pelas intervenções, pelas ideias, pelas reivindicações e pelas alternativas apresentadas nos mais diversos espaços de debate e de intervenções pela sociedade civil planetária.

CONSIDERAÇÕES FINAIS XII

A educação ambiental é uma das mais importantes exigências educacionais contemporâneas não só no Brasil. Pode ser ainda considerada uma grande contribuição à educação em geral.

A educação ambiental que procurei abordar aqui não está vinculada à transmissão de conhecimentos sobre a natureza, mas sim à possibilidade de ampliação da participação política dos cidadãos e das cidadãs.

Nela está inserida a busca da consolidação da democracia, a solução dos problemas ambientais e as condições dignas de vida.

Ela busca estabelecer uma nova aliança entre a humanidade e a natureza, desenvolver uma nova razão que não seja sinônimo de autodestruição, exigindo o componente ético nas relações econômicas, políticas, sociais e pessoais.

Portanto, é condição *sine qua non* na educação ambiental o diálogo entre conhecimentos, gerações e culturas em busca de cidadanias brasileira e planetária.

A educação ambiental, assim, está empenhada na realização do seu projeto utópico de estabelecer uma sociedade sustentável e mais justa.

Dessa forma, a educação ambiental é uma concepção político-pedagógica presente em vários momentos de aprendizagens cotidianos.

Do ensino fundamental ao ensino superior pode estar presente em qualquer disciplina, pois todas as áreas do conhecimento estão aptas a fornecer especificidades que possibilitem uma melhor compreensão do mundo e da época em que vivemos visando a participação cidadã, de intervenção, de busca de alternativas e de solução.

A educação ambiental necessita de conhecimentos específicos, aprofundados, produzidos pelas ciências, artes e culturas. Necessita também construir conhecimentos específicos, provocando o diálogo entre representações sobre um tema e conhecimentos científicos e populares (conhecimento do senso comum) e etno-culturais (o conhecimento dos povos indígenas, por exemplo).

No entanto, a educação ambiental não pode se limitar ao acúmulo de conhecimentos, mas sim selecionar e interpretar os conhecimentos disponíveis e sem perder de vista que o objetivo principal é fazer com que esse conhecimento possibilite e amplie a participação política e social dos alunos e das alunas, dos professores e das professoras, assim como de todos os sujeitos (diretores e diretoras, cozinheiros e cozinheiras, serventes) do processo educativo.

Indicações para leitura

Na primeira versão deste livro, que escrevi no início dos anos 1990, eram poucos os livros publicados em português que tratavam especificamente da educação ambiental. Não é o caso nos dias atuais. A bibliografia disponível é muito grande, com temática e bases teóricas e políticas muito diferentes. Há, portanto, material disponível para os mais diversos interesses, o que colabora para que se tenha um maior acesso a ideias e projetos, mas que também exige maior atenção, pois a qualidade e a profundidade são também muito variadas.

Eu sugiro aos meus alunos e às minhas alunas que procurem ler livros que ampliem nossa compreensão da complexidade do mundo.

Há muitos livros que repetem aquilo que já se sabe e reafirmam o que é de conhecimento público. Esses livros e textos têm um público amplo e podem facilmente ser encontrados em qualquer livraria. Alguns autores desses livros, às vezes mudam apenas o título dos livros, copiam ideias e argumentos de outros autores, sem citar as fontes, fazem afirmativas sem comprovação empírica etc., por isso tenha cuidado, pois, mesmo na educação ambiental, há interesse em se obter lucros fáceis e rápidos.

Também costumo sugerir às leitoras e aos leitores interessados que procurem textos que apresentem bases teóricas e empíricas, que sejam resultados de estudos e pesquisas aprofundadas. Mas aqui, infelizmente, temos de alertar, pois, mesmo entre os pesquisadores e as pesquisadoras de nossa área, o interesse pelos resultados e lucros fáceis e imediatos é muito presente. Um artigo ou livro publicado por uma revista ou editora de prestígio, de autoria de um professor e/ou pesquisador de alguma universidade renomada, não significa necessariamente que esses textos tenham qualidade e seriedade.

Às vezes, e é muito comum, textos, artigos e livros com argumentos superficiais e frágeis dados empíricos são amplamente divulgados devido às redes pessoais de interesses ideológicos e/ou comerciais. Há muitos bons livros que são difíceis de serem encontrados nas grandes livrarias e excelentes textos publicados em revistas de circulação restrita e portais independentes. Discernir sobre o que se deve ou não ler é um processo longo, exige fazer escolhas, comparar textos, autores e autoras. É, portanto, um processo pedagógico. Muitos bons textos, se encontram hoje disponíveis pela internet. Uma opção que recomendo é o portal www.scielo.br.

Feitas essas observações, não acrescento nenhuma outra recomendação de leitura além daquelas que já inclui no texto, pois a minha lista seria muito grande e não quero deixar de fora nenhum deles que considero importante. Para quem tiver interesse em saber quais são os textos com os quais trabalho, sugiro que procurem a bibliografia nos meus livros e artigos.

Pelo papel histórico que os primeiros textos de educação ambiental e temas paralelos que serviram de apoio para que eu escrevesse a primeira edição deste livro, deixo-os aqui, lembrando ao leitor e à leitora, novamente, que são textos precursores e que depois deles muitos outros, até dos mesmos autores e das mesmas autoras, foram publicados.

Indicações da primeira edição

Para os que leem espanhol indico: *Educación ambiental*, de Maria Novo Villaulde (Madri: Anaya, 1985). De minha autoria, pode ser encontrado o capítulo "Por uma filosofia da educação ambiental", em *A questão ambiental no Brasil*, de Magalhães L. E. (São Paulo: Terra, 1992), além de artigos em revistas especializadas.

Um livro pioneiro entre nós muito interessante na sua proposta interdisciplinar é *Educação ambiental*, de Kazue Matsushima (São Paulo: Cetesb, 1987).

Pouco antes da Rio-92, foi publicado o livro do técnico do Ibama, *Educação ambiental: princípios e práticas*, de Geraldo F. Dias (São Paulo: Global, 1992).

Para maior compreensão dessa questão indico ainda os seguintes livros: *Ecologia e política mundial*, de Hector Leis (org.) (Petrópolis: Vozes, 1991) – o título define bem o seu conteúdo; *Os (des)caminhos do meio ambiente*, de Gonçalves Porto (São Paulo: Contexto, 1989) – aborda as relações homem *versus* natureza e os aspectos políticos do problema, indica algumas possibilidades e está fundamentado de forma bem didática na contribuição teórica de importantes pensadores contemporâneos. Ainda na perspectiva política, um clássico: *Da ecologia à autonomia*, de Cornélius Castoriadis e Daniel Cohn-Bendit (São Paulo: Brasiliense, 1991). Para uma análise mais epistemológica: *Ecologia cultural*, de B. Viertlen (São Paulo: Ática, 1988), *Quem tem medo da ciência?*, de Isabelle Stengers (São Paulo: Siciliano, 1989).

Para uma leitura filosófica das novas relações entre o homem e a natureza, um livro básico é *O contrato natural*, de Michel Serres (Rio de Janeiro: Nova Fronteira, 1990), e *As três ecologias*, de Félix Guattari (Campinas: Papirus, 1989).

Para conhecer melhor o desenvolvimento da ecologia como ciência e movimento social: *História da ecologia*, de Pascoal Acot (Rio de Janeiro: Campus,

1990), *O que é ecologia*, de Pádua e Lago (São Paulo: Brasiliense, 12ª ed., 1983) e *O equívoco ecológico*, de P. Alphandéry, P. Bitoun e Y. Dupont (São Paulo: Brasiliense, 1992). Para a prática política: *Como fazer movimento ecológico e defender a natureza e as liberdades*, de Carlos Mine (Petrópolis: Vozes, 1985).

Para a compreensão de alguns dos macros problemas ambientais brasileiros: *De Angra a Aramar: os militares a caminho da bomba*, de Rui de Góes (org.) (São Paulo: Cedi, 1988); *As grandes manobras de Itaipu*, de C. G. Cauteat (São Paulo: Acadêmica, 1991), e *São Paulo: trabalhar e viver*, de V. C. Brandt (São Paulo: Brasiliense, 1989).

Para os problemas ambientais, numa perspectiva planetária, o criticado e básico *Nosso futuro comum*, da C. M. E. D. (São Paulo: Fundação Getúlio Vargas, 1989).

Para os interessados na educação baseada no diálogo e na autonomia: *Piaget e a filosofia*, de B. Freitag (São Paulo: Unesp, 1991), *Concepção fenomenológica da educação*, de Antônio M. de Rezende (São Paulo: Cortez, 1990), *Educação e liberdade*, de Illich et alii (São Paulo: Imaginário, 1990) e, para completar, *Aula*, de Roland Barthes (São Paulo: Cultrix, 1978).

Meus livros

O que é educação ambiental foi o meu primeiro livro publicado por uma editora comercial. Depois dele publiquei vários outros, nos quais ampliei as ideias aqui presentes. São eles:

• *Meio ambiente e representação social* (São Paulo: Cortez, 2005, 7ª edição). A primeira edição desse livro é de 1995. Nele apresento a teoria das representações sociais de Serge Moscovici e as suas relações com a educação ambiental.

• *Verde cotidiano: o meio ambiente em discussão* (Petrópolis: DP&Alli, 2008, 3ª edição). Organizei esse livro para a coleção O Sentido da Escola, editada por Nilda Alves e Regina Leite Garcia. Traz textos de vários autores e autoras. Para quem quiser conhecer nossa posição sobre os Parâmetros Curriculares Nacionais, esse livro é o mais indicado. A primeira edição é de 1999.

• *Tendências da educação ambiental brasileira* (Santa Cruz do Sul: Edunisc, 2001, 2ª edição). Organizado juntamente com Fernando de Oliveira Noal e Valdo Barcelos, esse livro comemora os vinte anos da educação ambiental, traz textos de vários autores e autoras e é uma homenagem a Paulo Freire. A primeira edição é de 1999.

• *Ecologistas* (Santa Cruz do Sul: Edunisc, 2003, 2ª reimpressão). Nesse livro procuro fundamentar a identidade da segunda geração de ecologistas, herdeira do chamado "Pensamento 68". Amplio as ideias que Felix Guattari desenvolveu em *As três ecologias* aproximando-me da Teoria Literária e dos Estudos Culturais.

Foi escrito em 1997 com uma bolsa DAAD/Capes no Instituto de Pesquisas Sociais de Frankfurt. A primeira edição é de 1999.

• *Ecologia, elites e intelligentsia na América Latina: um estudo de suas representações sociais* (São Paulo: Annablume, 2003, 2ª reimpressão). Nesse livro faço uma análise das questões ambientais pós-1992 e como elas são pensadas pela elite latino-americana, estudando ou vivendo na Europa e nos Estados Unidos. Esse estudo foi realizado quando fiz o pós-doutorado em 1993 com o professor André Giordan na Universidade de Genebra. A primeira edição é de 1999.

• *A floresta e a escola: por uma educação ambiental pós-moderna* (São Paulo: Cortez, 2003, 3ª edição). Dando continuidade aos fundamentos da teoria das representações sociais e dos estudos culturais, estabeleço o elo dessas duas vertentes teóricas com as práticas pedagógicas cotidianas no contexto da pós-modernidade. As questões ambientais e a educação ambiental são entendidas como bases da pós-modernidade, onde os aspectos virtual, abstrato e subjetivo da e na vida cotidiana são presenças constantes. A primeira edição é de 1999.

• *Iugoslávia: registros de uma barbárie anunciada* (Santa Cruz do Sul: Edunisc, 2001). A guerra da Bósnia e a desintegração da ex-Iugoslávia, com os seus significados políticos, culturais, sociais, religiosos, pedagógicos e ecológicos são aqui abordados. Procurando entender o conflito que marcou os anos 1990, registro o meu processo de conhecimento sobre o tema, acumulando, sistematizando e interpretando situações de conhecimento público ou vivenciadas na intimidade.

• *Trajetórias e narrativas através da educação ambiental* (Rio de Janeiro: DP&A, 2003). Com Raquel Possas e Adalberto Ribeiro, professores da Universidade Federal do Amapá, organizei esse livro em torno da noção "sujeito da história" de Paulo Freire. Todos os textos foram escritos por meus alunos e alunas da Universidade Federal do Amapá. Por meio das narrativas ("história de vida") de cada um, ficamos conhecendo um pouco mais da história e da ecologia da Amazônia e como é viver ali.

• *Educação ambiental: utopia e práxis* (São Paulo: Cortez, 2008). Organizei esse livro com a pesquisadora do Instituto Florestal de São Paulo Bárbara Heliodora Soares do Prado. O livro é resultado do trabalho que fizemos com os e as extensionistas rurais no Amapá e com os professores e as professoras da rede pública de educação no Rio Grande do Sul, do ano de 2000 a 2002. A questão central do livro é uma busca de entender e identificar o processo de uma pessoa que se torna (ou não) um educador ou uma educadora ambiental.

Publiquei também vários artigos em livros organizados por colegas, no Brasil e no exterior, além de artigos em revistas, alguns deles circulam na internet. As pessoas que estiverem interessadas em obter informações mais detalhadas sobre essa produção sugiro que consultem meu currículo na Plataforma Lattes no endereço www.cnpq.gov.br ou que entrem em contato comigo. Terei grande prazer em dialogar com os leitores e as leitoras. Meus e-mails são: marcos.reigota@prof.uniso.br e marcos.reigota@pq.cnpq.br.

Sobre o autor

Marcos Reigota é professor do Programa de Pós-graduação em Educação da Universidade de Sorocaba. É pesquisador do CNPq, nível 2. É doutor pela Universidade Católica de Louvain, Bélgica, com pós-doutorado pela Universidade de Genebra, Suíça. Tem atuado como pesquisador, professor e palestrante convidado em várias universidades no Brasil e no exterior.

Em 1998 recebeu em São Carlos, São Paulo, da Ordem dos Advogados do Brasil, o Prêmio "Personalidade do Meio Ambiente". É membro honorário da Academia Nacional de Educação Ambiental do México e membro fundador da Olho d'Água: Associação Promissense de Proteção Ambiental.